Erwin Lutzer

Deine Belohnung in der Ewigkeit

Triumph und Tränen
am Richterstuhl des Christus

Erwin Lutzer

DEINE
BELOHNUNG
IN DER
EWIGKEIT

**Triumph oder Tränen
am Richterstuhl
des Christus?**

2. Auflage 2000

Bibelzitate, wenn nicht anders vermerkt,
nach der Revidierten Elberfelder Übersetzung.

Lutzer, Erwin:
Deine Belohnung in der Ewigkeit –
Triumph und Tränen am Richterstuhl des Christus
ISBN 3-89436-205-7

Titel des amerikanischen Originals:
Your Eternal Reward – Triumph and Tears at the
Judgement Seat of Christ
© 1998 by Erwin W. Lutzer
Published by Moody Press, Chicago

© 1999 der deutschen Ausgabe:
Christliche Verlagsgesellschaft, Dillenburg
Übersetzung: Christiane Eichler, Köln
Satz: Enns, Schrift & Bild, Bielefeld
Umschlaggestaltung: Eberhard Platte, Wuppertal
Druck: Elsnerdruck, Berlin

Printed in Germany

Inhaltsverzeichnis

KAPITEL I

Tränen im Himmel

Tränen im Himmel!

Für die meisten Christen gehören *Tränen* und *Himmel* nicht zusammen. Wie Krieg und Frieden, Licht und Finsternis, Gesundheit und Krankheit schließen sie sich gegenseitig aus.

Doch ich meine, dass es gute Gründe für Tränen im Himmel gibt. Wenn wir darüber nachdenken, wie wir für Jesus leben, der uns für den höchstmöglichen Preis überhaupt erkauft hat, dann haben wir jenseits der himmlischen Tore sicherlich Grund zum Weinen. Wir werden weinen, weil wir uns schämen, weil wir bereuen, dass wir selbstsüchtig gelebt haben, anstatt für den, „der uns liebt und uns von unseren Sünden gewaschen hat in seinem Blut" (Offb 1,5). Vielleicht würden wir nie aufhören zu weinen, wenn nicht Gott selbst käme und uns die Tränen abwischen würde (Offb 21,4).

Der Richterstuhl Christi wird – das müssen wir zu unserer Schande sagen – von den meisten Christen einfach ignoriert. Die meisten, mit denen ich gesprochen habe, halten dies für kein besonderes Ereignis. Wenn ich nach einer Begründung für ihre Meinung frage, dann erhalte ich immer wieder die gleichen Antworten, die sich in die Gedankenwelt vieler eingeschlichen haben.

Irrtümer lassen sich nur schwer ausrotten. Ich habe

entdeckt, dass ich erst dann über das Thema „Richterstuhl Christi" lehren kann, wenn ich einige Vorstellungen zurechtgerückt habe, die dieser Lehre größtenteils ihrer Bedeutung berauben würden. Ehe die Menschen nicht bereit sind, diese Ansichten fallen zu lassen, werden wir nicht in der Lage sein, die reichhaltigen Lehren der Bibel über dieses Thema auszuschöpfen. Auch werden wir sonst der Möglichkeit beraubt, uns von einer Lehre verändern zu lassen, die unser tägliches Leben beeinflussen sollte.

Hier nun einige weitverbreitete Annahmen, die wir in Frage stellen müssen, wenn wir die biblische Lehre vom Richterstuhl Christi wieder einführen wollen.

Falsche Vorstellungen

An der Spitze der falschen Vorstellungen steht der Glaube, dass unser Leben beim Richterstuhl Christi nicht ernsthaft gerichtet werden könne, weil für uns Gläubige die Sünden vergeben und „alle ihre Sünden in die Tiefen des Meeres" geworfen worden sind (Mi 7,19). Schließlich, so lautet die Argumentation, existieren unsere Sünden und unser Versagen in der Vergangenheit vor Gott doch gar nicht mehr. „Ist das nicht auf Golgatha längst erledigt worden?", fragte mich ein Freund, als ich andeutete, dass einige Menschen beim Richterstuhl Christi vieles in ihrem Leben bereuen und gleichzeitig Privilegien verlieren werden? Für ihn bedeutete der Richterstuhl Christi kein echtes Gericht. Alle Gläubigen werden dort mit fliegenden Fahnen bestehen.

Doch das stimmt nicht.

Hören wir auf die Worte von Paulus: „Denn wir müssen alle vor dem Richterstuhl Christi offenbar werden, damit jeder empfange, was er durch den Leib vollbracht, dementsprechend, was er getan hat, es sei Gutes oder Böses", (2Kor 5,10). Dieser Ausdruck, „es sei Gutes oder Böses" nimmt uns die liebgewonnene Hoffnung, dass unsere Fehler niemals zurückkehren und uns beunruhigen könnten. Er erinnert uns daran, dass unser Vater im Himmel uns richten wird, auch wenn wir uns in dem Wissen sicher sein können, dass wir für immer seine Kinder sind.

Erinnern Sie sich an die Geschichte von Ananias und Saphira, die einen falschen Preis angaben, als sie ein Grundstück verkauften, damit sie einen Teil des Geldes behalten und trotzdem vorgeben konnten, dass sie alles Geld der Gemeinde gespendet hätten (Apg 5,1-11)? Obwohl sie Christen waren, sind sie von Gott gestraft worden und mussten wegen ihrer Unehrlichkeit sofort sterben. Als sie nun in den Himmel kamen, haben sie sich vielleicht gesagt: „Wie konnte das passieren, wo Petrus doch gesagt hat, dass dies auf Golgatha erledigt ist!"

Diese Erfahrung von Ananias und Saphira ist uns zusammen mit anderen Geschichten des Neuen Testamentes eine Erinnerung daran, dass *Gott gerechtfertigte Sünder richtet.* Und wenn er uns auf Erden richtet, manchmal sogar bis hin zum leiblichen Tod, dann ist es sicherlich nicht schwierig zu glauben, dass er uns im Himmel dafür richten wird, wie wir auf Erden gelebt haben. Wie Jim Elliff sagt: „Solche Warnungen springen uns aus den Seiten der Schrift regelrecht entgegen." Und so ist es auch.

König David, der die beiden Sünden des Ehebruchs und des Mordes beging, wurde für seine Sünden auch dann noch gerichtet, als er sie bekannt hatte und von Gott für sie Vergebung empfangen hatte. Nathan sagte: „So hat auch der Herr deine Sünde hinweggetan, du wirst nicht sterben. Nur weil du den Feinden des Herrn durch diese Sache Anlass zur Lästerung gegeben hast, muss auch der Sohn, der dir geboren ist, sterben" (2Sam 12,13-14). Wenn Ananias und Saphira uns daran erinnern, dass Gott uns für nicht bekannte Sünde richtet, dann erinnert uns David daran, dass *Gott uns für Sünden richtet, die bekannt und vergeben sind*. Die richterliche Vergebung ist das eine, doch gibt es auch die Züchtigung, die der Vater seinen ungehorsamen Kindern zukommen läßt.

Es stimmt, dass diejenigen, die sich nur auf Christus verlassen, wenn es um ihre Errettung geht, ewige Vergebung haben und von Rechts wegen vor Gott vollkommen sind. Wir werden nicht mehr verdammt, sondern sind „aus dem Tod in das Leben hinübergegangen" (1Jo 3,14). Wir kommen angetan mit der Gerechtigkeit Christi in den Himmel. Wir werden aufgrund seiner Würde angenommen. Dazu müssen alle Christen „Amen" sagen.

Aber – und das ist wichtig – wir sollten daraus nicht schließen, dass jeder Christ beim Richterstuhl Christi gut wegkommt. Es kann sein, dass wir ernsthafte Verluste erleiden, und viele von uns werden beschämt vor Christus stehen, wenn unser Leben an uns vorüber zieht. Es ist nicht wahr, wie einige lehren, dass zehn Minuten nach unserer persönlichen Begegnung mit Christus diese nur noch nebensächlich ist, weil wir alle am Ende dieselbe Belohnung erhalten werden. Das Geschehen beim Richterstuhl Christi hat ewige Folgen.

Es gibt verschiedene Arten der Strafe in der Hölle und verschiedene Arten der Belohnung im Himmel. Das heißt nicht, dass im Himmel zwischen Habenichtsen und Reichen unterschieden wird. Letztlich wird jeder im Himmel glücklich sein, weil Gott uns trösten wird, indem er unsere Tränen abwischt. Jeder wird Gott dienen und die Gemeinschaft genießen, die allen geschenkt wird, die durch Jesus in die Gegenwart Gottes gelangen. Doch wir werden nicht alle die gleichen Vorrechte genießen, denn so wie wir hier auf Erden leben, wird das Auswirkungen auf unser Leben in der Ewigkeit haben. Paulus sah keinen Widerspruch zwischen der Lehre von der Rechtfertigung aus dem Glauben und der damit zusammenhängenden Tatsache, dass wir für alles „was wir durch den Leib" seit unserer Bekehrung „vollbracht" haben, gerichtet werden. Die Gründe dafür und wie das geschieht, werden in späteren Kapiteln behandelt.

Ein zweites Missverständnis ist der Glaube, dass unsere Werke auch dann keinen Wert vor Gott haben, wenn wir bekehrt sind. Als die Reformatoren (zurecht) predigten, dass wir allein aus Gnaden und nicht durch Werke gerettet sind, gingen einige Theologen so weit zu behaupten, dass auch unsere Werke nach der Errettung keinen Wert hätten. Sie schlossen daraus, dass entweder alle Christen denselben Lohn erhalten, oder dass die Unterschiede nur durch Gottes souveränen Willen bestimmt würden. Viele Ausleger haben seit dieser Zeit diese Grundauffassung geteilt.

Fast alle Christen stimmen darin überein, dass einige Gläubige von Jesus gelobt andere dagegen kritisiert und getadelt werden. Trotzdem, so wird argumentiert, wird jede negative Auswirkung davon bald vergessen sein. Wenn einige im Himmel eine andere Stellung hätten, so lautet die Argumentation, dann würde das heißen, dass die Werke einen Wert an sich hätten, den Gott anerkennt, und das, so heißt es weiter, stünde im Widerspruch zur Gnade Gottes.

Wir wollen diese Aussage nun prüfen.

Ich stimme natürlich von Herzen mit der Aussage

überein, dass wir von Gott aufgrund des Werkes Christi gerecht gesprochen werden, wenn wir an ihn glauben, und nicht aufgrund unserer Werke. Unsere Taten vor unserer Bekehrung haben in Gottes Augen keinerlei Wert. „Denn aus Gnade seid ihr errettet durch Glauben, und das nicht aus euch, Gottes Gabe ist es; nicht aus Werken, damit niemand sich rühme" (Eph 2,8-9). Wenn irgendjemand, der dieses Buch liest, meint, dass er durch menschliches Bemühen gerettet werden könnte, dann wird er für alle Ewigkeit schwer enttäuscht werden.

Doch die Werke, die wir tun, *nachdem* wir die Gabe des ewigen Lebens empfangen haben, sieht Gott sehr gerne. Denn der gleiche Abschnitt (den wir oben zitiert haben), der davon spricht, dass wir allein durch den Glauben aufgrund der Gnade errettet werden, fährt fort: „Denn wir sind sein Gebilde, in Christus Jesus geschaffen zu guten Werken, die Gott zuvor bereitet hat, damit wir in ihnen wandeln sollen" (V. 10). Diese Werke will Gott bei uns sehen, denn sie machen ihm Ehre. Wir sollten danach streben, ihm zu gefallen, und für solche Werke werden wir belohnt. Obwohl wir vor dem Gedanken zurückschrecken, dass irgendetwas, das wir tun, einen Wert an sich hat, zögerte Jesus nicht zu versprechen, dass denjenigen, die Opfer bringen, „vergolten" werden wird (Lk 14,14).

Melanchton, Luthers Vertrauter und ein großer Theologe, traf die wichtige Unterscheidung zwischen den Werken vor der Bekehrung, die keinen Wert haben, und denjenigen nach der Bekehrung, die er lobenswert nennt. Er schrieb:

Wir lehren, dass gute Werke einen Wert haben – nicht, dass uns die Sünden vergeben werden, dass

> wir Gnade erlangen oder Rechtfertigung (denn
> diese erlangen wir durch den Glauben) – sondern
> für anderen leiblichen und geistlichen Lohn in die-
> sem und im zukünftigen Leben, wie Paulus sagt
> (1Kor 3,8): „Jeder aber wird seinen eigenen Lohn
> empfangen nach seiner eigenen Mühe." Deshalb
> wird es verschiedenen Lohn für verschiedene Mü-
> hen geben. ... Die Herrlichkeit der Heiligen wird
> unterschiedlich sein.[1]

Natürlich haben die Werke, die wir nach unserer Bekehrung tun, keinen Wert an sich, sie haben nur deshalb
Wert, weil wir mit Christus verbunden sind. Er nimmt
unsere unvollkommenen Werke und macht sie vor dem
Vater annehmbar. Auch sollten wir nicht denken, dass
Gott uns wie ein Arbeitgeber, der die gesetzliche Ver-
pflichtung zur Gehaltszahlung hat, bezahlen muss. Wie
wir später lernen werden, tun wir unsere guten Werke
nur deshalb, weil Gott uns das Verlangen und auch die
Fähigkeit dazu gibt. Sie sind Gaben seiner Gnade an uns.
Weiter wird kein Kind für sein Erbe arbeiten müssen,
denn es ist unmöglich, dass es alles „verdienen" könnte,
was der Vater ihm gerne geben will.

Doch – und das muß hier betont werden – der Vater
prüft, ob sein Kind sich wert erweist. Der Vater benutzt
unscheinbare Aufgaben, um zu sehen, ob er seinem Kind
einen größeren Anteil am Erbe geben kann. *Verlässlichkeit
auf Erden führt zu größerer Verantwortung im Himmel.*
Genauso wird uns Jesus aufgrund unserer Würdigkeit
richten, und genauso wird unsere gegenwärtige Treue oder
unsere Untreue ewige, himmlische Folgen haben!

Das bedeutet nicht, dass der Lohn jeweils stunden-
weise festgesetzt wäre. Gott wird uns *überreichlich* für

unsere Werke belohnen. Obwohl es so scheint, dass er keinen Grund hat, uns zu belohnen, hat er sich doch in seiner Liebe selbst verpflichtet, es zu tun. Wenn er uns nicht belohnen würde, so sagt der Schreiber des Hebräerbriefes, dann wäre er „ungerecht." „Denn Gott ist nicht ungerecht, eures Werkes zu vergessen und der Liebe, die ihr gegen seinen Namen bewiesen habt, indem ihr den Heiligen gedient habt und dient" (Hebr 6,10).

Wenn wir bedenken, dass der endgültige Lohn darin besteht, mit Christus als Miterbe zu herrschen, dass wir die Verantwortung für und Vollmacht über alles Eigentum Gottes haben werden, dann ist es eindeutig, dass Lohn niemals im üblichen Sinne des Wortes verdient wird. Gott hat sich verpflichtet, uns Lohn zu geben, aber nur aus seiner Gnade heraus. Wir können nichts verlangen, denn wenn wir unser Bestes getan haben, sind wir noch immer unnütze Knechte, die getan haben, „was wir zu tun schuldig waren" (Lk 17,10). Gott hat es gefallen, uns etwas zu geben, auf das wir keinerlei Anrecht oder Anspruch haben. *Wir werden belohnt, weil Gott so großzügig ist, nicht weil er es uns schuldig wäre.*

Ein drittes Missverständnis ist, dass es selbstsüchtig sei, den Lohn als Motivation unseres Dienstes für Christus zu sehen. Schließlich, so argumentiert man, sollten wir Gott aus Liebe, und nur aus Liebe dienen. Sollte ein Fußballspieler nicht auch sein Bestes geben, einfach weil er Spaß am Spiel hat?

Außerdem habe ich Leute sagen hören: „Werden wir ihm nicht sowieso unsere Kronen zu Füßen legen?" Sie meinten damit, dass wir den Gedanken an unseren Lohn aufgeben sollten und dass er über unsere erste Begegnung mit Christus hinaus keine Bedeutung hat.

Das basiert auf der (meiner Ansicht nach falschen)

Annahme, dass der Lohn nichts anderes als eine Krone ist. Sicherlich wird manchmal der Lohn symbolisch als Krone bezeichnet, aber der Lohn an sich hat damit zu tun, welche Verantwortung uns gegeben wird. Ganz gleich, was auch mit unseren Kronen geschieht, unser Lohn wird uns in die Ewigkeit folgen.

Natürlich ist es wahr, dass wir Gott allein schon deshalb dienen sollten, weil er Gott ist und deshalb unseres Dienstes würdig ist. Ja, wir sollten ihm dienen, weil wir ihn lieben und nicht so sehr, weil wir eine bessere Stellung in seinem Reich haben wollen. Diener sollten einfach dienen und nichts als Lohn erwarten. Doch, wie wir sehen werden, gibt es mehr als einen Anreiz, Jesus zu dienen. Liebe ist der eine, Furcht der andere.

Eine weitere Motivation zum Dienst ist das starke Verlangen, dass wir Christus gefallen möchten, der so gerne sein Erbe mit uns teilen will. Es ist nicht selbstsüchtig, Jesu Wohlwollen erringen zu wollen. Er möchte, dass wir das Recht erringen, mit ihm das Reich zu regieren, und das sollte ein wichtiges Ziel für uns sein. Ein Fußballer, der das Spiel liebt, wird sein Bestes geben, doch er wird besonders motiviert sein, wenn der Trainer, den er liebt, auch noch die besten Spieler öffentlich belohnt.

Lassen Sie uns nicht übersehen, dass Paulus einen Zusammenhang sieht, Christus zu gefallen und vor dem Richterstuhl Christi gut dazustehen: „Deshalb setzen wir auch unsere Ehre darein, ob einheimisch oder ausheimisch, ihm wohlgefällig zu sein. *Denn* wir müssen alle vor dem Richterstuhl Christi offenbar werden" (2Kor 5,9-10, Hervorhebung vom Autor). Ich möchte Jesus sagen hören: „Recht so, du guter und treuer Knecht" (Mt 25,21), und ich denke, Ihnen geht es genauso. Ich möchte gerne so leben, dass Jesus mich für würdig hält, mit ihm zu herrschen. Sie sind sicher der gleichen Meinung. Ganz offensichtlich brauchen wir uns darauf nichts einzubilden, denn die Herrschaft mit Christus im Himmel hat nichts mit Stolz oder Selbstgefälligkeit zu tun. Doch würdig erfunden zu werden, weil wir Jesus lieb haben, war das Verlangen des Paulus und sollte auch unseres sein.

Jesus hat die Jünger oft durch die Aussicht auf Lohn motiviert, ohne sich dafür zu entschuldigen. Er erzählte ihnen, dass sie ihren Schatz im Himmel sammeln sollten, wo ihr Geld sicherer sei und bessere Zinsen bringe. „Sammelt euch aber Schätze im Himmel, wo weder Motte noch Rost zerstören und wo Diebe nicht durchgraben noch stehlen" (Mt 6,20). In einem späteren Kapitel werden wir sehen, dass er ihnen oft versprochen hat, dass ihr „Lohn ... groß" sein würde, wenn sie gehorsam wären (Lk 6,35; vergl. auch 6,23; Hebr 10,35).

Denken wir nur an die biblischen Heiligen, die dazu getrieben wurden, Jesus zu dienen, weil sie auf einen Lohn hofften. Abraham war willig, Ur zu verlassen und in Zelten zu wohnen, „denn er erwartete die Stadt, die Grundlagen hat, deren Baumeister und Schöpfer Gott ist" (Hebr 11,10). Er starb, ohne das Verheißene empfangen zu haben, aber diese Verheißung motivierte ihn, Gott zu gehorchen. Seinen Lohn wird er im Himmel erhalten.

Mose war bereit, die Schätze Ägyptens zu verlassen, denn er „zog es vor, lieber mit dem Volk Gottes Ungemach zu leiden, als den zeitlichen Genuss der Sünde zu haben, indem er die Schmach des Christus für größeren Reichtum hielt als die Schätze Ägyptens; denn er schaute auf die Belohnung" (Hebr 11,25.26). Sorgfältige

Berechnung ließ ihn erkennen, dass es sinnvoll war, den sichtbaren irdischen Lohn um des unsichtbaren zukünftigen Lohns aufzugeben. Jeder, der einen kleinen Lohn gegen einen größeren eintauscht, handelt weise.

Paulus fürchtete, dass er versagen könnte und deshalb im Wettlauf des Lebens disqualifiziert würde (1Kor 9,27). Er drängte die Gläubigen in Philippi, sich in dieser verdorbenen Generation als tadellos zu erweisen, „indem ihr das Wort des Lebens festhaltet, mir als Grund zum Rühmen auf den Tag Christi, dass ich nicht vergeblich gelaufen bin, noch auch vergeblich gearbeitet habe" (Phil 2,16). Er wollte sie motivieren, angesichts des „Tages Christi" gute Arbeit zu leisten. Und er wollte sogar „Grund zum Rühmen" im zukünftigen Leben erlangen.

Christen, die fromm jede Vorstellung von sich weisen, dass die Erwartung einer Belohnung uns motivieren könnte, wären weise, wenn sie ihren Fehler eingestehen würden und die Herausforderung von Jonathan Edwards annehmen würden:

> *Mein Entschluss: Zu versuchen, für mich selbst so viel Glück wie möglich in der zukünftigen Welt zu erreichen, wie ich nur kann, mit aller Macht, allem Eifer, aller Hingabe und allem Einsatz, ja sogar Gewalt, derer ich fähig bin oder mich selbst zwingen kann zu leisten, auf jede nur erdenkliche Weise.*[2]

Ich stimme mit Iosif Ton überein, der darauf hinweist, dass der Lohn nicht in hübschen Medaillen besteht, auf die wir stolz sein könnten. „Die tiefste Belohnung ist die Tatsache, dass wir zu dem werden, was unser Schöpfer für uns geplant hat. Es geht um den Lohn, in das Bild Christi verwandelt zu werden. Wenn wir einst wie er sind, dann werden wir sein Erbe teilen und mit ihm in einer hohen Stellung arbeiten, bei denen wir hohe Verantwortung für das gesamte Universum tragen werden.[3] Unser Lohn ist eine Fortführung der Verantwortung, die wir schon auf der Erde getragen haben.

Ich bin überzeugt, dass diejenigen, die untreu waren, schwere Verluste erleiden. Ich stimme mit A. J. Gordon überein, der geschrieben hat: „Ich kann mir keine endgültige göttliche Abrechnung vorstellen, die einem faulen, trägen und fruchtlosen Christen denselben Rang der Herrlichkeit gibt, denselben Grad an Glück wie ihn ein strebsamer, hingegebener und sich selbst verleugnender Christ erhält."[4] Wenn dieses Leben eine Schule für höhere Verantwortung ist, dann müssen die Gläubigen gründlich beurteilt werden. Wenn dann die Ewigkeit beginnt, dann werden sie sich in ihrer Herrlichkeit wie verschiedene Glühbirnen in der Helligkeit unterscheiden.

Die Hölle wird nicht für jeden gleich sein, und auch der Himmel nicht. Die Art, wie wir hier unser Leben führen, wird ewige, unveränderliche und wichtige Konsequenzen haben. Ein Becher kalten Wassers, der jemandem im Namen Christi gereicht wird, wird nicht vergessen sein, und der unreine, selbstsüchtige Christ wird nicht die vollen Segnungen des Reiches erlangen.

Earl Radmacher sagt, dass „die Persönlichkeit, die ich heute werde, mich auf die Persönlichkeit vorbereitet, die ich für alle Ewigkeit sein werde." Vieles wird sich für uns in der Ewigkeit ändern, aber vieles wird auch gleich bleiben. Wir werden dieselben Menschen sein, die wir hier auf Erden waren, obwohl wir ein neues Wesen und schließlich auch einen neuen Leib erhalten. Und weil unsere Stellung in der Ewigkeit große Bedeutung hat, ist das Leben, das ich heute führe, von ebenso großer Bedeutung – nämlich von *ewiger* Bedeutung. *Nur in diesem Leben können wir die Ewigkeit beeinflussen.*

Wir müssen lange genug innehalten, um diese Realität auf unser Bewusstsein wirken zu lassen, dass wir einmal vor Jesus stehen werden. Nur Jesus und du. Nur Jesus und ich.

Zwei Gerichte

Um Klarheit zu bekommen, müssen wir zwischen zwei Gerichten unterscheiden. Sie betreffen verschiedene Gruppen von Menschen, finden zu unterschiedlichen Zeiten statt, und diejenigen, die gerichtet werden, haben ein ganz unterschiedliches Ziel.

Der Richterstuhl Christi, den ich schon angesprochen habe, wird stattfinden, wenn Jesus wiederkommt, um alle Gläubigen zu sich in den Himmel zu holen. Der Zweck dieses Gerichtes ist es, uns zu beurteilen, so dass wir entsprechend unseres treuen (oder untreuen) Dienstes auf Erden eingesetzt werden können. Jeder, der vor diesem Gericht erscheinen wird, wird in den Himmel kommen, aber hier wird verhandelt, in welchem Maße er an der Herrschaft mit Christus (wenn überhaupt) teilhaben wird. Dieses Gericht ist Thema dieses Buches.

Das Gericht beim Großen Weißen Thron dagegen wird viele Jahre später zusammentreten, kurz bevor die letzte Phase der Ewigkeit beginnt. Alle, die hier erscheinen, werden in den großen Feuersee geworfen, den wir auch Hölle nennen. Der Zweck dieses Gerichtes ist es, die Schwere der Strafe zu bestimmen, die diese Menschen für alle Ewigkeit ertragen müssen. (Ich werde über dieses Gericht kurz etwas im 10. Kapitel dieses Buches schreiben.)

Es gibt die weitverbreitete Vorstellung, dass wir vor Gott erscheinen, damit er bestimmen kann, ob wir in die Hölle oder in den Himmel kommen. Doch ein solches Gericht wird in der Bibel nirgendwo erwähnt. Ob wir in den Himmel oder in die Hölle kommen, entscheidet sich noch in diesem Leben. Nach ihrem Tode kommen die Menschen, die Jesus als ihren Erlöser kennen, direkt in den Himmel, wo sie dem Richterstuhl Christi vorgeführt werden. Diejenigen, die Jesus nicht kennen, kommen an einen Ort, der Hades genannt wird und werden vor dem Gericht des Großen Weißen Thrones erscheinen. Auf jeden Falle wird jeder vor Gott stehen müssen.

Dass Sie einmal vor Gott erscheinen müssen, ist sicherer, als dass jeden Morgen die Sonne aufgeht. Und über das Gericht, bei dem Sie erscheinen müssen, wird in diesem Leben entschieden, nämlich anhand Ihrer Beziehung zu Jesus Christus. Es gibt keine Möglichkeit, das Ziel noch zu ändern, wenn Sie einmal gestorben sind. Eine Minute nach Ihrem Tod ist ihr ewiges Schicksal unabänderlich festgelegt.

Vor dem Großen Weißen Thron werden viele Menschen aus allen Ländern der Erde erscheinen müssen, aus allen Weltreligionen, auch Menschen mit den besten Absichten der Welt. Sie werden zu spät erkennen müssen, dass Gott es mit der Gerechtigkeit ernst nimmt. Wenn Jesus ihre Strafe nicht auf sich genommen hat, dann müssen sie es selbst tun. Und weil es nicht mehr möglich ist, im Jenseits Jesus anzunehmen, werden sie „in den Feuersee geworfen" (Offb 20,15).

Wenn Sie nicht sicher sind, bei welchem Gericht Ihr Name aufgerufen wird, dann haben Sie noch immer die

Gelegenheit, diese Sache zu klären. Sie brauchen nur Ihre Sündhaftigkeit einzugestehen und auf Christus vertrauen, weil er allein Sie für den Himmel passend machen kann. „Wer an den Sohn glaubt, hat ewiges Leben; wer aber dem Sohn nicht gehorcht, wird das Leben nicht sehen, sondern der Zorn Gottes bleibt auf ihm" (Joh 3,36).

Wenn Sie jetzt noch mehr Information brauchen, wie Sie sicher sein können, in den Himmel zu kommen, dann schlage ich vor, dass sie jetzt schon Kapitel 10 aufschlagen. Ich habe hier die erschreckende biblische Beschreibung des Gerichtes beim Großen Weißen Thron behandelt und außerdem die Erklärung, wie man dieses angsterfüllende Ereignis vermeiden kann. Nehmen Sie sich die Zeit, *jetzt* mit Gott Frieden zu schließen.

Der Zweck dieses Buches

Seit einigen Jahren habe ich erwogen, den Richterstuhl Christi einmal gründlich zu untersuchen oder auch die sogenannte *Lehre vom Lohn*. Ich habe mit nicht wenig Zittern und Ernsthaftigkeit endlich den Mut gehabt, über dieses Thema zu predigen und zu schreiben. Die Tatsache, dass Sie und ich ganz persönlich vor Christus stehen werden und er unser Leben beurteilt, ist ausreichend, um uns nachdenklich zu stimmen.

Die These dieses Buches lautet: *Die Persönlichkeit, die du heute bist, wird den Lohn bestimmen, den du morgen erhältst*. Diejenigen, die Christus gefallen, werden reichlich belohnt, diejenigen, die ihm nicht gefallen, werden negative Konsequenzen tragen müssen und weniger Lohn erhalten. Mit anderen Worten, Ihr Leben *hier* wird Ihr Leben *dort* ganz wesentlich bestimmen.

Wenn das Wissen, dass wir Jesus für alles, was wir

„durch den Leib vollbracht" haben, „es sei Gutes oder Böses" (2Kor 5,10) Rechenschaft ablegen müssen, uns nicht zum Leben in der Treue motiviert, dann ist es ziemlich wahrscheinlich, dass nichts anderes diese Motivation erreichen kann. An diesem Punkt müssen wir uns wirklich der Frage stellen, wie sehr wir Jesus eigentlich lieben. An jenem Tag können wir uns nirgends verstecken.

Widerstehen Sie der Versuchung, darüber nachzudenken, wie andere dastehen werden, wenn sie vor Jesus erscheinen müssen. Keine andere Lehre sollte uns so sehr davor warnen, unsere Brüder und Schwestern zu richten, denn wir werden genauso vor Jesus stehen wie sie. Wir sollten uns nicht einbilden, wir könnten Gottes Gerichtswerk für ihn vollbringen. Natürlich gibt es Raum für Gemeindezucht, doch ist hier kein Platz für einen kritischen, unversöhnlichen und richtenden Geist.

Auch sollten wir der Versuchung widerstehen, uns hinter einem theologischen Vorurteil zu verstecken, das die Bedeutung des Richterstuhls Christi herabsetzt. Öffnen Sie sich beim Lesen und seien Sie bereit, die volle Offenbarung Gottes zu diesem Thema zu erfassen. Während unserer Arbeit an diesem Thema werden wir fortfahren, die Irrtümer aufzudecken, die die biblische Lehre zu diesem Thema geschwächt haben.

Kommen Sie mit mir auf eine Reise, die Ihr Denken herausfordert und, dafür bete ich, Ihr Leben verändert. Wir sollten uns gemeinsam auf den Tag vorbereiten, an dem Sie und ich allein vor Christus stehen werden, wo nur die Wahrheit zählt und keine Ausflüchte. Matthew Henry schrieb: „Es sollte jeden Tag unsere Aufgabe sein, uns auf unseren letzten Tag vorzubereiten."

Lassen Sie uns die Reise beginnen.

KAPITEL 2

Sie werden dabei sein!

Stellen Sie sich vor: Sie schauen das Angesicht Jesu! Nur Sie beide stehen sich gegenüber. Ihr gesamtes Leben steht vor Ihnen. In einem Augenblick sehen Sie es, wie Jesus es sieht.

- Kein Verstecken möglich
- Keine Gelegenheit, etwas besser darzustellen, als es war
- Kein Rechtsanwalt, der Sie verteidigen würde
- Ein Blick in Jesu Augen sagt mehr als tausend Worte

Mag Ihnen diese Vorstellung behagen oder nicht, dies ist genau die Situation, in der Sie und ich eines Tages stehen werden. „Denn wir müssen alle vor dem Richterstuhl Christi offenbar werden, damit jeder empfange, was er durch den Leib vollbracht, ... *es sei Gutes oder Böses*" (2Kor 5,10, Hervorhebung vom Autor).

Der Richterstuhl Christi wird oft *bema* genannt (das griechische Wort, das Paulus in dem oben zitierten Abschnitt 2Kor 5,10 für den Richterstuhl benutzt). Wörtlich bedeutet *bema* die erhöhte Plattform, die bei Versammlungen benutzt wurde, wenn Reden gehalten oder Gewinnern Medaillen verliehen werden. Im alten Rom saßen die Cäsaren auf einer Tribüne, um die zu belohnen, die heroisch zum Sieg in der Schlacht beigetragen hatten.[1] Das *bema* Christi macht alle anderen Gerichte unwichtig, denn dort werden wir von einem allwissenden Richter zur Rechenschaft gefordert werden.

Denken Sie dies einmal zu Ende: Gott gibt uns den Glauben, durch den wir uns an Christus festhalten, und doch schenkt er uns für diesen Glauben das ewige Leben. Dann verändert uns Gott so, dass wir ihm dienen können, und für unseren Dienst ehrt er uns mit ewigem Lohn und *Vorrechten*. Natürlich hat sich niemand von uns diesen Lohn verdient! Doch wir sind Söhne und Töchter des liebenden Vaters, der wohlwollender ist, als wir es je erwarten könnten. Er hat Freude daran, denen zu geben, die seine Liebe nicht verdient haben.

„Ich bin schon froh, wenn ich in der letzten Reihe sitze", witzelte ein Freund von mir, als ich das Thema Lohn im Himmel ansprach. In gewisser Weise sprach er damit aus, was wir alle denken. Ich interpretierte seine Bemerkung als echten Ausdruck seiner Demut, der tiefen Überzeugung, dass wir absolut nichts verdient haben. Einen Platz im Himmel zu haben, selbst im abgelegensten Teil davon, wäre wirklich eine unverdiente Ehre für uns. Jeder, der anders denkt, hat noch nicht erkannt, wie sündig er vor Gott ist!

Doch wenn wir diese Bemerkung in einem anderen Licht betrachten, dann könnte sie ein ernsthaftes Missverständnis bezüglich des Wesens des Lohnes beinhalten. Was, wenn diejenigen, die „in der letzten Reihe" sitzen, dort sind, weil sie Jesus in ihrem irdischen Leben missfallen haben? Was, wenn es Gott gefallen hätte, dass wir „in der ersten Reihe" sitzen, doch wir dieses Privileg verspielt haben, weil wir so fleischlich gelebt haben? Wir sollten uns daran erinnern, dass wir nicht selbst auf die

Idee mit dem Lohn gekommen sind. Es ist die Freude des Vaters, uns über alles menschliche Vorstellungsvermögen hinaus zu segnen. *Wir sollten alles sein, was wir hier auf Erden nur können, damit wir im Himmel alles sind, was wir dort sein können!*

Ich stimme Jim Elliff zu, der beobachtet hat, dass diejenigen, die sich so fromm wenig um ewigen Lohn bemühen, sich oft fast umbringen, wenn sie versuchen, hier auf der Erde „Lohn" zu sammeln. Sie geben vor, im Himmel mit einem „kleinen Schuppen" zufrieden zu sein, aber auf Erden wollen sie lieber etwas Größeres! Die Bibel lehrt, dass das Streben nach Lohn nichts Verkehrtes ist, solange wir uns auf den Himmel und nicht auf die Erde konzentrieren.[2]

Wir wollen Lohn nicht um des Lohnes Willen, sondern weil Lohn ein Zeichen für Jesu Zustimmung zu unserem Tun ist. Es ist nicht verkehrt, in der ersten Reihe sitzen zu wollen, wenn diese Ehre denen gilt, die Jesus sagen hören: „Recht so, du guter und treuer Knecht" (Mt 25,21).

Kennzeichen des Gerichts

Paulus beginnt in 2. Korinther 5,10: „Denn wir *müssen* alle vor dem Richterstuhl Christi offenbar werden" (Hervorhebung vom Autor). Hier haben wir eine Ähnlichkeit zwischen dem *bema* und dem Gericht des Großen Weißen Throns: Wir *müssen* vor einem von beiden erscheinen. Wir können uns nicht verstecken, denn Gott wird uns sicher *finden*, wir können uns nichts ausdenken, damit wir besser dastehen, weil Gott uns *durchschaut*. Wir können uns nicht entschuldigen, denn Gott *kennt* uns durch und durch.

Wir werden gerecht gerichtet

Wer wird uns richten? Wir haben es hier mit dem „Richterstuhl Christi" zu tun. Christus, der uns in- und auswendig kennt, liebt uns trotzdem. Wir werden von unserem Erlöser gerichtet. Er, der zu unserer Rettung gestorben ist, sitzt nun zu Gericht über uns. Weil wir von jemandem gerichtet werden, der uns liebt, wissen wir, dass der Urteilsspruch durch Barmherzigkeit gemildert sein wird. Wir werden von dem gerichtet, der uns lieber Gutes wünscht, als uns zu verurteilen. Der Jesus auf dem Richterstuhl ist derselbe Jesus, der für uns am Kreuz gehangen hat.

Unser Retter bezeichnet uns auch als seine Brüder (Hebr 2,11). Er hat uns eingeladen, zu seiner Familie zu gehören. Wir haben denselben Vater, deshalb sind wir zur Gemeinschaft am Familientisch aufgerufen. Zu Maria Magdalena, der Frau, die böse Geister hatte, sagte Jesus: „Ich fahre auf zu meinem Vater und eurem Vater und zu meinem Gott und eurem Gott" (Joh 20,17). Dieser Richter wird barmherzig und gerecht sein, weil sein Vater auch der unsere ist. Hier geht es um eine Familienangelegenheit.

Dennoch kann unser Urteilsspruch hart sein, wenn wir hier auf Erden untreu sind. Sofort nachdem Paulus davon gesprochen hat, dass wir für unsere Taten auf der Erde Lohn empfangen werden, ob nun guten oder schlechten, fügt er hinzu: „Da wir nun den Schrecken des Herrn kennen, so überreden wir Menschen" (2Kor 5,11). Interessanterweise verbindet er die Furcht (oder den Schrecken) vor Gott mit dem Richterstuhl Christi. Einige Ausleger, die der Meinung sind, dass unser Gericht für jeden gut ausgehen wird, lehren, dass Paulus hier nur Ungläubige warnt. Doch offensichtlich würde eine solche Auslegung zu einem unnatürlichen Bruch im Gedankengang des Paulus führen. Er wusste, dass der Richterstuhl Christi für einige Christen wirklich schrecklich werden wird.

Jesus warnt öfters die erlöste Gemeinde. Zur Gemeinde in Ephesus, die er lieb hatte, sagte er: „Denke nun daran, wovon du gefallen bist, und tue Buße und tue die ersten Werke! Wenn aber nicht, so komme ich dir und werde deinen Leuchter von seiner Stelle wegrücken, wenn du nicht Buße tust" (Offb 2,5). Unser Retter und der, der uns als seine Brüder bezeichnet, wird nur das verhängen, was richtig und gerecht ist. Aber er wird unseren Ungehorsam nicht übergehen. Er hat keine Lieblingskinder, noch tritt er zurück, wenn gründliche Beurteilung gefordert ist.

Wir können ganz sicher sein, dass wir nur für Taten gerichtet werden, die wir seit unserer Bekehrung zu Jesus getan haben. Der Apostel Paulus erwartete, beim Richterstuhl Christi gut abzuschneiden, obwohl er vor seiner Bekehrung die Gemeinde verfolgt hatte und Christen ins Gefängnis geworfen hatte. Doch schrieb eben dieser Mann, der von sich behauptete, der größte Sünder zu sein, kurz vor seinem Tod:

Denn ich werde schon als Trankopfer gesprengt, und die Zeit meines Abscheidens steht bevor. Ich habe den guten Kampf gekämpft, ich habe den Lauf vollendet, ich habe den Glauben bewahrt; fortan liegt mir bereit der Siegeskranz der Gerechtigkeit, den der Herr, der gerechte Richter, mir zur Vergeltung geben wird an jenem Tag: nicht allein aber mir, sondern auch allen, die seine Erscheinung lieben. (2Tim 4,6-8)

Dies sind ermutigende Worte für diejenigen, die einen sündigen oder sogar kriminellen Weg vor ihrer Bekehrung hinter sich haben. Die Frage, die wir beim Gericht beantworten müssen, lautet, wie wir uns als Kinder Gottes verhalten haben. Wir werden nicht nach dem gerichtet, was wir vom Zeitpunkt unserer *ersten* Geburt getan haben, sondern nach dem, was wir nach unserer *zweiten* Geburt getan haben.

Auch werden wir entdecken, dass jeder Gläubige dieselbe Chance hatte, Jesu Lob „recht so" zu erhalten. Lohn wird für unsere Treue in Situationen gezahlt, die seit unserer Bekehrung geschehen sind.

Wir werden gründlich gerichtet

Paulus sagt, dass wir vor dem Richterstuhl Christi „offenbar" werden, und das benutzte griechische Wort *phaneroo* beinhaltet das Bild „das Innere nach außen kehren". Ein Ausleger, Philip Hughes, schreibt, dass das Wort „offenbaren" bedeutet: „aufgedeckt werden, unserer äußeren Fassade beraubt werden und den Charakter des Betreffenden öffentlich enthüllen. All unsere Heuchelei, unser Versteckspielen, alle Geheimnisse, verborgenen Sünden in Gedanken und Taten werden zur Prüfung durch Christus offenliegen."[3]

Wir werden für das gerichtet, was wir „durch den Leib vollbracht" haben, „es sei Gutes oder Böses" (2Kor 5,10). An die guten Taten wird liebevoll gedacht. Der Becher kalten Wassers, der im Namen des Herrn gereicht wird, wird nicht vergessen. Diejenigen, denen wir geholfen haben, können uns nichts zurückgeben – solche Taten werden die Aufmerksamkeit des Richters auf sich ziehen. (Später werden wir detaillierter betrachten, wonach Jesus Ausschau hält, wenn er unser Leben untersucht.)

Das „Böse" oder Wertlose wird sicherlich als negatives Gegengewicht gegen das „Gute" gewertet. Weil Jesus allwissend ist, kann jede kleinste Einzelheit in das Urteil einbezogen werden, wobei jede Absicht und jede Handlung in ihrem Zusammenhang gesehen wird. Alles Verborgene wird an jenem Tage zählen.

Wir haben alle schon Gemeinden erlebt, die sich wegen eines oder mehrerer Themen gespalten haben, wobei es manchmal um Lehren, manchmal auch um persönliche Auseinandersetzungen ging. Manchmal wollten einige, dass ein Leiter bleibt, während andere wollten, dass er geht. Gerüchte verbreiten sich unter den Gemeindegliedern, die Telefone laufen heiß vor Argumenten und Gegenargumenten. Normalerweise werden Menschen auf beiden Seiten verletzt, und Feindseligkeiten brodeln noch Jahre später unter der Oberfläche.

In der Gemeinde in Korinth gab es genau wie in unseren heutigen Gemeinden die Neigung zu Zank und Zwietracht. Im 1. Korintherbrief ermahnt Paulus die Gläubigen: „So verurteilt nichts vor der Zeit, bis der Herr kommt, der auch das Verborgene der Finsternis ans Licht bringen und die Absichten der Herzen offenbaren wird; und dann wird jedem sein Lob werden von Gott" (1Kor 4,5).

Einige Streitereien müssen bis zum Richterstuhl Christi auf eine Entscheidung warten. Natürlich sollten wir alles tun, damit diese Angelegenheiten schon in diesem Leben geregelt werden. Doch wir wissen alle, dass manchmal unsere besten Absichten fehlschlagen. Wir können das Verhalten eines Menschen beurteilen, nicht jedoch seine Absichten. Um zu wissen, wer recht oder unrecht hat, müssen wir auf Gott warten. Ich werde dieses Thema in einem späteren Kapitel wieder aufgreifen.

Mir wurde berichtet, dass es im World Wide Web (Teil des Internets), eine zentrale Einrichtung gibt, die alle „Besuche" von Millionen von Teilnehmern aufzeichnet. Irgendwo gibt es jemanden, der jede Webseite untersuchen kann, die Sie oder ich je besucht haben. Im Internet gibt es viel Gutes und Hilfreiches, aber auch viel Zerstörerisches und Böses. Ob es gut oder schlecht ist, unsere Handlungen werden aufgezeichnet.

Ganz genau so hat Gott ein riesiges Informationssystem. Alles, was wir getan oder gesagt haben, ist ihm bekannt. Wenn nötig, kann er auf diese Information in Sekundenbruchteilen zugreifen. Und was immer er uns offenbaren will, ob viel oder wenig, die Fakten können wir nicht bestreiten. Wir brauchen nicht nach Daten, Urzeiten und Orten zu fragen, weil er all dies kennen wird.

Ich werde später darüber sprechen, ob wir wirklich unsere Sünden sehen werden. Für jetzt wollen wir es bei der Aussage belassen, dass wir sicher sein können, dass unsere Sünden in die Beurteilung einbezogen werden. „Wenn wir uns selber richteten, so würden wir nicht gerichtet" (1Kor 11,31; Luther 84). Nicht bekannte Sünde, Sünde, die wir schöngeredet und verbrämt haben, wird bei der Offenbarung und beim Gericht eine besondere Rolle spielen.

Wenn Sie das erschreckt, dann erinnern Sie sich daran, dass dieses Gericht auch ein Trost ist. Wir sind alle schon ungerechtfertigt kritisiert worden, manchmal sogar von Freunden. Wenn unsere Absichten falsch gedeutet werden, wenn Lügen von Menschen verbreitet werden, denen unser Fall Freude bereitet, dann sind solche Erfahrungen wirklich hart.

Beim *bema* werden alle diese falschen Anklagen gegen Sie ans Licht gebracht. Grausamkeit, üble Nachrede und Missverständnisse werden aufgeklärt. Das Gericht wird so genau sein, wie es die Gerechtigkeit erfordert. Alle Streitereien nach dem Muster: „Er hat aber gesagt" oder: „Sie hat behauptet" werden aufhören. Hier werden alle Einzelheiten offenbart; nichts als die Fakten, nichts als die Wahrheit – die ganze Wahrheit und nichts als die Wahrheit. Wenn Sie Rechtfertigung brauchen – hier wird sie Ihnen zuteil; wenn Ihnen gezeigt werden muss, wo Sie sich geirrt haben, dann wird auch das geschehen.

Woodrow Kroll schreibt: „So, wie der Tag das Sonnenlicht bringt, damit das in der Dunkelheit Verborgene sichtbar wird, so wird das Licht des Sohnes das in der Dunkelheit Verborgene sichtbar werden lassen, das wir ‚durch den Leib vollbracht' haben. Doch wird auch viel Verborgenes aufgedeckt werden, das gut ist. ... Es wird ein Tag der Rechtfertigung sowie der Enttäuschung sein."[4] Es wird keine Zeit benötigt werden, um Beweismaterial zusammenzutragen, und keine Geschworenen werden gewählt, um die Argumente der Parteien anzuhören. Jede Einzelheit ist Christus schon von Grundlegung der Welt her bekannt.

Wir werden das Urteil nicht anfechten. Wir werden keine andere Meinung haben als Jesus, und zwar nicht weil wir Angst hätten, sondern weil es keinen Grund geben wird! Wenn wir Fragen haben, so werden sie beantwortet, aber es ist viel wahrscheinlicher, dass wir sprachlos sind. Wir werden mit seinen Augen sehen und wissen, dass sein Urteil im tiefsten Sinne gerecht ist.

Wir werden unvoreingenommen gerichtet

Wenn Paulus die Prinzipien darstellt, nach denen Gott uns richten wird, versichert er seinen Lesern, dass es „kein Ansehen der Person bei Gott" gibt (Röm 2,11). Ja, das Gericht Gottes wird der Wahrheit entsprechen, d. h. der Realität. Die Reichen werden keinen Vorteil haben, diejenigen, die sich im irdischen Leben auf Macht und Vergünstigungen verlassen haben, werden sich selbst jeder Krücke und jeglicher Möglichkeit zur Manipulation beraubt finden. Jeder menschliche Winkelzug wird in der Gegenwart dessen wertlos, der die „Gedanken und Gesinnungen des Herzens" kennt (Hebr 4,12).

Auch Pastoren und Missionare werden keine besondere Behandlung bekommen werden. Diejenigen, die ihr Leben hingegeben haben, um Christus teilweise unter großen persönlichen Opfern zu dienen, empfangen vielleicht größeren Lohn, doch werden sie nach demselben Maßstab der Treue beurteilt. Diejenigen, die das Wort Gottes lehren, werden sogar „ein schwereres Urteil" empfangen, weil sie größere Verantwortung hatten. Jede Einzelheit wird in ihrem weiteren Zusammenhang beurteilt.

Die meisten von uns leben in Häusern oder Wohnungen, die äußerlich gut instand gehalten werden. Doch drinnen findet man meist eine Mischung aus Sauberkeit und Schmutz; man findet vielleicht ein sauberes Wohnzimmer, aber einen Schrank voller Abfall. Während eines Tornados werden oft die Wände der Häuser weggerissen und alles in den Schränken und Schubladen liegt für jeden, der vorbeikommt, sichtbar herum. Genauso wird Jesus durch unser Leben gehen, das dann keine Wände mehr hat. Er wird sowohl die Edelsteine als auch den

Unrat begutachten. Er wird uns alles zeigen, was für sein Urteil von Bedeutung ist.

In der Gegenwart Christi wird unsere äußere Fassade durch die Echtheit unseres Charakters ersetzt. Die Farbe unserer Haut, unser Einkommen, unsere Berühmtheit spielen plötzlich keine Rolle. In diesem Gerichtssaal hat niemand einen Vorteil. Der Richter wird bestimmen, was wir mit dem getan haben, das er uns gegeben hat.

George Whitefield war ein berühmter englischer Prediger, der während der ersten Erweckung in Amerika einen wichtigen Dienst tat. Seine Predigt über die Wiedergeburt im Zusammenhang mit der Vorherbestimmung führte sowohl zu Bekehrungen als auch zu Streitigkeiten. Er sagte, dass er nur eine Inschrift für seinen Grabstein wolle, und zwar:

> Hier liegt George Whitefield.
> Was für ein Mensch er war,
> wird der jüngste Tag offenbaren.

Obwohl man sagt, dass Whitefield der Wunsch nicht erfüllt wurde, diese Worte auf seinem Grabstein zu finden, sind sie doch nicht weniger wahr. Erst der Richterstuhl Christi wird offenbaren, was für ein Mensch er wirklich war. Die Zeitungen, die ihn kritisierten, sind dann verstummt. Seine Biographen, ob Freunde oder Feinde, werden bei dieser abschließenden Beurteilung nicht zu Rate gezogen. In der Gegenwart Jesu werden die Meinungen der Menschen schmerzlich unwichtig, ob es nun um Kritiker oder um Bewunderer geht. Das göttliche Urteil ist das einzige, das dann noch zählt.

Wir werden individuell gerichtet

Wenn Sie ein normales Gemeindeleben kennen, dann wissen Sie, dass wir die starke Tendenz haben, andere zu beurteilen. Wir richten andere gerne in Fragen, die nicht eindeutig zu klären sind, nach unseren eigenen Maßstäben. Im ersten Jahrhundert war die Gemeinde in Rom praktisch darüber gespalten, ob es richtig war, Fleisch zu essen, das einem Götzen geopfert worden war, oder ob es überhaupt richtig wäre, Fleisch zu essen. Paulus betonte, dass wir in diesen Dingen einander nicht richten sollten und kleinliche Streitigkeiten aufhören sollten. Hören wir auf seine Worte:

> *Du aber, was richtest du deinen Bruder? Oder auch du, was verachtest du deinen Bruder? Denn wir werden alle vor den Richterstuhl Gottes gestellt werden. ... Also wird nun jeder von uns* für sich selbst Gott Rechenschaft *geben."* (Röm 14,10-12, Hervorhebung vom Autor)

Hier benutzt Paulus wieder das Wort *Bema*, einen Hinweis auf unsere Begegnung mit Christus unter vier Augen. Unterstreichen wir das Wort „selbst": „Jeder von uns wird für sich *selbst* Gott Rechenschaft geben." Sie werden für sich Rechenschaft ablegen müssen, ich werde für mich selbst Rechenschaft ablegen müssen. Wir brauchen nicht für jemanden anderen auszusagen. Deshalb sollten wir aufhören, übereinander zu murren, denn vor unserem Meister werden wird jeder einzeln stehen oder fallen.

Immer wenn ich gebeten werde, in einem Chor mitzusingen, singe ich nur leise, weil ich Angst habe, falsch zu singen. Manchmal komme ich davon, ohne dass jemand mich bemerkt, insbesondere, wenn genügend Bässe da sind. Ich würde nie ein Solo singen! Doch wenn wir einmal vor Jesus stehen, dann werden wir gewissermaßen unser eigenes Lied singen müssen. Es wird keinen Vergleich mit anderen geben, niemand wird unsere Patzer ausbessern, wir werden keine Gelegenheit haben zu behaupten, dass wir mehr zu bieten haben als jemand anders.

Wird das Gericht öffentlich stattfinden oder unter Ausschluss der Öffentlichkeit? Ich denke, dass es in der Gegenwart aller gehalten wird, einschließlich der Engel, vor denen Jesus uns als die Seinen bezeugen will (Lk 12,8). Erinnern wir uns daran, dass im Gleichnis von den Talenten der Sklave getadelt wurde, der sein Talent (*mina*) vergraben hatte, und dass der König dann wichtige Anweisungen gab. „Und er sprach zu den Dabeistehenden: Nehmt das Pfund von ihm und gebt es dem, der die zehn Pfunde hat" (Lk 19,24). Die Anwesenden sahen, was geschah und spielten sogar ein Rolle dabei, indem sie dem einen Knecht das Pfund abnahmen und es einem anderen gaben. Das Urteil wurde öffentlich vollstreckt.

Wenn sie diesen Gedanken erschreckend finden, dann trösten sie sich mit der Tatsache, dass es nicht zählt, ob unsere Freunde anwesend sind oder nicht. Einmal werden wir alle zusammen sein und niemand wird in der Lage sein, sich über den anderen zu erheben, und es wird auch nicht viel Anlass zur Überraschung geben. Bei allen wird es Gutes und Schlechtes zu beurteilen geben.

Viel wichtiger ist: Ich bin überzeugt, dass das, was andere denken, nicht mehr zählen wird, wenn wir Jesus in die Augen schauen. Ein Klavierschüler denkt nur darüber nach, was sein Lehrer denkt, wenn er vorspielt. Einem

Fußballspieler ist es viel wichtiger, was sein Trainer denkt, als der Jubel oder die Buhrufe der Fans.

In der Gegenwart Christi werden wir uns nicht um die kümmern, die um uns herum sind. Der Ausdruck auf Jesu Gesicht wird eindeutig sein. Das Gericht wird sehr „nahe und persönlich", aber auch öffentlich sein.

Weil es viele Millionen Christen gibt, haben einige die Frage gestellt, ob es Jesus möglich sei, jeden von uns individuell zu richten. Es geht darum, dass es nicht genug Zeit gäbe, um Millionen von Begegnungen zu arrangieren, vor allem, wenn sich dies in den sieben Jahren zwischen Entrückung und Wiederkunft Christi abspielt. Doch wir sollten nicht vorschnell bestimmen wollen, was Jesus kann und was nicht. Wir wissen nicht, wie lange jedes Gericht dauern wird, denn es wird nicht nötig sein zu recherchieren, um die Tatsachen herauszufinden. Jesus kann uns unser ganzes Leben in einem Augenblick vor Augen stellen. Es wird keine Akten geben, die durchgesehen werden müssen, und es wird keine Zeugenanhörungen geben, um die Tatsachen zu bestätigen.

Wir werden gnädig gerichtet

Es ist zwar falsch zu denken, dass unsere Fehler uns nie einholen könnten, aber es ist gleichermaßen ein Fehler zu meinen, dass der Zweck des Richterstuhls Christi sei, dass Gott seinen aufgestauten Ärger über unsere Fleischlichkeit und Selbstsucht los wird. Nein, dieser Zorn ist für uns schon von Christus getragen worden, der am Kreuz starb. Er hat unsere ewige Strafe getragen und war das Ziel von Gottes gerechtem Zorn über uns. Auch ist der Zweck des *Bema* nicht, dass wir es beim nächsten

Mal besser machen. Es gibt kein „nächstes Mal", weil wir nun Christus vollkommen dienen können. Es geht weder darum, uns für unsere Sünden bezahlen zu lassen, noch um Gottes Verlangen nach „Wiedergutmachung".

Der Zweck des Richterstuhls Christi ist es, uns richtig einzuordnen, um uns zu beurteilen, damit unsere Stellung im künftigen Reich deutlich wird. Das jetzige Leben ist wie eine Aufnahmeprüfung für eine Schule, die uns hilft zu wissen, wo wir im Reich des kommenden Königs einzuordnen sind. Um nochmals Hughes zu zitieren, dieses Gericht „ist keine düstere Erklärung, sondern eine Wertanerkennung, bei der denen Lohn zuerkannt wird, die ihn wegen ihrer Treue verdient haben, und ein *Verlust* oder Vorenthalten von Lohn für die, die ihn nicht verdient haben."[5]

Stellen Sie sich einen Vater vor, der seinem Sohn einen Flug in seinem Privatjet verspricht, wenn der Junge ihm den Rasen sechs Wochen lang mäht. Nach sechs Wochen ist aber kein großer Erfolg zu sehen: Er hat den Rasen nur dreimal gemäht, zwei Wochen ausgesetzt und beim letzten Mal den Rasen nur teilweise gemäht. Die Probezeit ist vorbei, und der Vater sagt dem Jungen, was er eigentlich schon wissen müsste: Seinen Traum vom Flug über die Stadt muss er begraben.

Der Vater ist nicht zornig, aber traurig, weil der Junge so untreu war. Er bestraft seinen Sohn nicht wegen seiner Nachlässigkeit. Aber er ermahnt den Sohn, und er muss mit den Folgen seiner Untreue leben. Er muss daneben stehen, wärend ein anderer Junge in der Nachbarschaft auf dieselbe Herausforderung besser reagiert und an einem Samstagmorgen den Flug spendiert bekommt. Was jedoch am meisten schmerzt, ist der Ausdruck in den Augen des Vaters. All dies ist Strafe genug.

Jesus wird nicht zornig, aber enttäuscht sein. Wir werden für das, „was wir durch den Leib vollbracht ... haben, es sei Gutes oder Böses" unser Urteil empfangen. Wenn das Gericht vorbei ist und die Ewigkeit beginnt, werden uns Vorrechte vorenthalten werden; und vielleicht werden einige von uns wegen ihrer Untreue nicht mit Christus regieren.

Wenn Sie sich nun wegen Ihrer Sünden und Ihrem Versagen verzagt fühlen, lassen Sie nicht den Kopf hängen. Jeder von uns hat die Tiefe des eigenen bösen Herzens schon kennen gelernt. Wie wir noch feststellen werden, werden die Sünden, die wir selbst durch persönliche Buße richten, nicht ans Licht gebracht werden, außer, dass wir durch sie vielleicht etwas an Lohn einbüßen. Doch die Sünden, die wir tolerieren, die Angelegenheiten, die zwischen uns und Gott bzw. seinen Leuten stehen, die werden beim Richterstuhl besonders zur Sprache kommen.

Inmitten von all dem Versagen wird es Gnade geben. Ich bin überzeugt, dass Jesus einiges finden wird, wofür wir Lohn verdient haben. Paulus sagt: „Dann wird einem jeden sein Lob werden von Gott" (1Kor 4,5). Vielleicht gibt es nicht viel, für das wir zu loben wären, doch Jesus wird das himmlische Internet durchsuchen, und etwas finden, für das er uns loben kann.

Trotz unserer Neigung zur Sünde kann jeder von uns ein Leben führen, das eher zur Anerkennung als zum Tadel durch den Herrn führt. Ja, sogar unser Kampf mit der Sünde, wenn er denn erfolgreich ist, ist des Lohnes wert. Heute können wir in Abhängigkeit von Jesus im Lichte des Jüngsten Tages leben.

Leben im Angesicht des Gerichts

Wir haben nun schon einiges gelernt, das unseren Lebensstil beeinflussen sollte. Zunächst sollten wir daran denken, dass *dieses Leben eine Vorbereitung auf das nächste ist.* Wir sollen die Regeln des Reiches begreifen, denn wir sind Lehrlinge für ein besseres Leben. Gottes Absicht ist es, uns in der Treue und im Dienst reifen zu lassen, so dass wir auf Erden für ihn ein Ausweis sind und im Himmel mit Jesus zusammenarbeiten können.

Zweitens: *Jeder Tag unseres Lebens bedeutet entweder Verlust oder Gewinn für unser künftiges Urteil.* Wie wir heute leben, wird bestimmen, welche Worte wir morgen von Christus hören. Denken Sie daran: Unsere Persönlichkeit heute bestimmt den Lohn, den wir in der Zukunft empfangen werden.

Als Billy Graham von Diane Sawyer gefragt wurde, wie er gerne in Erinnerung behalten würde, wurde sein Gesicht traurig. „Ich möchte von meinem Herrn hören: ,Recht so, du guter und treuer Knecht', aber ich glaube nicht, dass es so kommen wird."

Als ich das las, kamen mir sofort zwei Gedanken. Erstens dachte ich, dass Billy Graham vielleicht demütiger ist als notwendig! Hier haben wir einen Mann, der das Evangelium vor mehr Menschen gepredigt hat als jeder andere Mensch in der Geschichte. Ich dachte an seinen vollgestopften Terminkalender, den Druck und die große Verantwortung, die er getragen hat. „Natürlich wird er beim Richterstuhl Christi gut wegkommen", spekulierte ich.

Mein zweiter Gedanke: Wenn schon Billy Graham nicht glaubt, dass er Gottes Lob empfangen wird, was wird dann aus uns anderen? Sicherlich, wenn der Lohn nach dem Ergebnis verteilt wird, dann wird Billy Graham sicherlich ziemlich weit vorne in der Reihe stehen.

Aber in dieser Hinsicht hatte Billy Graham wirklich recht: Wenn er einmal vor Jesus steht, dann wird seine Berühmtheit das Ergebnis nicht beeinflussen. Auch die Bewunderung von Millionen von Menschen wird Jesu Urteil nicht ändern. Auch nicht die Tatsache, dass Hunderte und Tausende durch seinen Dienst zu Jesus gefunden haben. Wie bei Whitefield ist die Haltung von Billy Graham: *„Das wird der jüngste Tag offenbaren."*

Das führt uns zur dritten Lehre, die wir hieraus ziehen können. *Der Lohn bemisst sich nicht nach den Ergebnissen oder dem Umfang unseres Dienstes.* Einige von uns haben einen größeren Einfluss als andere. Viele, die auf dem Missionsfeld ihren Dienst getan haben, können nach einem Leben voller Entbehrungen und größter persönlicher Hingabe nur wenige Bekehrte aufweisen. Andere finden ihre Berufung in Fabriken, auf Bauernhöfen oder zu Hause, einige dienen viele Jahre, andere nur wenige. Wir werden nicht nach einer Skala beurteilt, auf der die Seelen eingetragen sind, die sich bei uns bekehrt haben, oder die Anzahl unserer Predigten oder die Anzahl der Bücher, die wir geschrieben haben. Ein Vergleich mit anderen wird ohnehin nicht gezogen.

Auch werden wir nicht für die Länge der Zeit belohnt, die wir dienen. Neubekehrte können gleichermaßen Jesu Zustimmung erfahren. Wir werden *aufgrund unserer Treue zu Jesus beurteilt, mit der wir unsere Zeit, unsere Talente und unsere Schätze verwendet haben.* Mit anderen Worten, wir werden nach den Gelegenheiten beurteilt, die uns gegeben wurden, ob sie nun vielfältig oder nur beschränkt waren. Alle Gläubigen können großzügig belohnt werden.

Einigen, die vielleicht nicht erwarteten, Lohn zu bekommen, aber ihrer Berufung treu waren, schreibt Petrus: „Denn wenn ihr diese Dinge tut, werdet ihr niemals straucheln. Denn so wird euch reichlich gewährt werden der Eingang in das ewige Reich unseres Herrn und Heilandes Jesus Christus" (2Petr 1,10-11). Andere, die ihrer Berufung nicht treu waren, denen es gleichgültig war, ob ihr Verhalten dem Herrn gefällt oder nicht, werden „vor ihm beschämt werden bei seiner Ankunft" (1Joh 2,28).

Was ist Gottes Plan für uns in der Ewigkeit? Welchen Lohn können wir erwerben oder verlieren? Worauf wird Jesus achten?

Lesen Sie weiter.

KAPITEL 3

Was wir gewinnen können

Schauen Sie einmal über meine Schulter und lesen Sie folgenden Brief, den ich in meinem Briefkasten fand:

Ich kenne eine Frau, die in verschiedenen Pornofilmen aufgetreten ist. Seitdem ist sie Christin geworden. Aber sie macht sich Sorgen, weil sie diese Filme nicht mehr zurückholen kann, weil sie in der ganzen Welt verbreitet worden sind, und weil das Unheil, das sie anrichten, selbst nach ihrem Tod noch weitergeht.

Wird dies ihre Erlösung beeinträchtigen? Mit anderen Worten, ist es möglich für sie, an der himmlischen Freude teilzuhaben, während viele Menschen als direktes Ergebnis ihrer Handlungen weiter sündigen? Sie ist der Meinung, ein Erbe des Bösen zu hinterlassen. Können Sie hier irgendwelchen Trost geben?

Ja, dank der Verheißungen der Bibel glaube ich hier trösten zu können. Zunächst einmal wird ihr vergangenes Leben nicht mit ihrer Erlösung in Konflikt kommen. Jesus ist für Sünder gestorben, auch für schreckliche Sünder, ja, auch für Leute, die mit Pornografie zu tun haben und für Kriminelle. Unser Urahn Adam hat ein weit schlimmeres „Erbe des Bösen" hinterlassen, doch Gott hat ihm die Tierhäute geschenkt, um seine Blöße zu bedecken. Diese Tierhäute waren ein Symbol für Jesu Erscheinen auf der Erde. Jesus musste getötet werden, damit wir in seine Gerechtigkeit gekleidet würden. Viele Menschen müssen mit den Folgen ihrer Sünden vor ihrer Bekehrung leben. Doch wir können uns der Vergebung Gottes sicher sein, auch wenn die Folgen unserer Sünden nicht beseitigt sind. Diese Vergebung ist ein Geschenk an die, die ihre Sündhaftigkeit zugeben und nur auf Jesus als Erlöser vertrauen.

Zweitens, ja, diese Frau kann Freude im Himmel erwarten, denn beim Richterstuhl Christi wird sie nur für das beurteilt, was sie seit ihrer Erlösung getan hat, nicht für das, was sie vor ihrer Bekehrung getan hat. Da ihr so viel vergeben ist, kann sie viel lieben, und deshalb auch reich belohnt werden. Es ist sogar möglich, dass diese Frau neben Jesus sitzen und mit ihm in Ewigkeit regieren wird.

Die Gabe der Erlösung ist keine Belohnung für *Werke*, sondern eine Belohnung für *Glauben*, ein Glaube, den Gott uns sogar geschenkt hat! Doch wenn wir beim *Bema* gerichtet werden, dann wird das aufgrund unserer Werke geschehen, und zwar nach unserer Treue. Ich will damit nicht sagen, dass wir empfangen, was wir verdient haben, denn wir werden *weit mehr* empfangen als wir verdient haben, denn Gottes Freundlichkeit ist riesengroß. Wir werden nicht in dem Sinne Lohn empfangen, wie man für jede Arbeitsstunde Lohn erhält, sondern wir werden in dem Sinne belohnt, dass Gott uns hundertmal mehr gibt, als wir verdient haben. Wie Woodrow Kroll sagt: „Lohn ist gnädige Bezahlung."

Wenn Ihr Arbeitgeber Ihnen am Monatsende einen Scheck in die Hand drücken und sagen würde: „Ich habe

hier ein Geschenk für Sie", dann wären Sie wahrscheinlich nicht begeistert. Das würde ja heißen, dass Sie den
Scheck nicht verdient haben und dass er lediglich ein
Ausdruck des Mitleids für Sie ist. Doch wenn Sie einen
Gutschein für einen zweiwöchigen Urlaub auf den Sey-
chellen bekämen, weil Sie als bester Mitarbeiter im Monat abgeschnitten haben, dann hätten Sie sich die Reise
„verdient", obwohl der Lohn in keinem Verhältnis zum
Aufwand steht. Christus zögerte, wie wir schon gelernt
haben, nicht mit der Aussage, dass die Treuen vom Vater
„belohnt" werden.

Die Aussicht, würdig erfunden zu werden, mit Jesus
zu regieren, ist das Thema dieses Kapitels. Was Jesus
durch göttliches Recht erworben hat, will er mit uns
durch göttliche Gnade teilen! Heute sind wir eingeladen,
einen kleinen Blick auf die hohe Ehre zu werfen, auf
Christi Thron zu sitzen und mit ihm das Universum zu
regieren. „Und Nacht wird nicht mehr sein, und sie
bedürfen nicht des Lichtes einer Lampe und des Lichtes
der Sonne, denn der Herr, Gott, wird über ihnen leuchten, und sie werden herrschen in alle Ewigkeit" (Offb
22,5). Die Reise von hier nach dort ist eine Liebesgeschichte, die in der Vergangenheit beginnt und in dieser
außerordentlich herrlichen Zukunft aufhört.

Viele Bibelausleger nehmen einfach als Gegebenheit
an, dass jeder, der in den Himmel kommt, mit Jesus herrschen wird. Doch viele andere Bibelstellen legen nahe,
dass diese Belohnung denen gegeben wird, die sich auf
Erden als vertrauenswürdig erwiesen haben. Wenn aller-
dings jeder im Himmel herrscht, dann werden einige
größere Verantwortung tragen als andere. Ich glaube,
dass wir beim Richterstuhl Christi viel gewinnen können, deshalb ist auch viel zu verlieren.

Die Liebesgeschichte

Um das Warum und Wie zu erklären, muß ich dieses Drama in drei Szenen beschreiben. Die Geschichte beginnt im Garten Eden und endet im Himmel. Verfolgen Sie aufmerksam, wenn ich nun Gottes Plan für die Menschheit an sich und für sein Volk im Besonderen zusammenfasse. Schritt für Schritt werden wir Gottes endgültige Absichten für uns alle verstehen.

Und nun die Geschichte.

Die Vergangenheit: Adam und Eva

Die Geschichte beginnt im Garten Eden, als Gott die Menschheit nach seinem Ebenbild schuf. „Lasst uns Menschen machen in unserem Bild, uns ähnlich! Sie sollen herrschen" (1Mo 1,26).

Weder Engel noch Tiere wurden nach dem Ebenbild Gottes geschaffen, dies ist ein Vorrecht der Menschheit. Das bedeutet, dass wir Gottes Eigenschaften, die er weitergeben kann, bekommen haben: Persönlichkeit, Weisheit, Liebe, Wahrheit, Gerechtigkeit. Es bedeutet auch, dass wir eine erstaunliche Fähigkeit zur Gott-Ähnlichkeit besitzen. Wir können Gott ähnlicher werden als alle anderen Geschöpfe.

Lassen Sie uns über die Einzelheiten nachdenken.

Gott hat den Menschen aus Erde geschaffen und „hauchte in seine Nase Atem des Lebens; so wurde der Mensch eine lebende Seele" (1Mo 2,7). Schon bald darauf fing Adam an, den Tieren Namen zu geben und über die Erde zu herrschen, wie Gott es ihm aufgetragen hatte. Doch in diesem idyllischen Paradies fehlte etwas – oder besser jemand. Gott sagte: „Es ist nicht gut, dass der

Mensch allein sei" (V. 18). Ganz gleich, wie schön die Schöpfung war, ganz gleich, wie eng die Gemeinschaft zwischen Gott und Mensch war, Adam war unvollständig. „Aber für Adam fand er keine Hilfe, ihm entsprechend" (V. 20). Deshalb beschloss Gott, ihm einen Gefährten zu machen, oder besser gesagt, er wollte ihm die Gefährtin schaffen, die Adam brauchte.

Als nun Gott Eva schuf, schuf er sie nicht aus Erde. Von Anfang an wollte er die organische Einheit der Menschheit darstellen, die Solidarität, die zwischen den Gliedern der Menschheitsfamilie herrscht. Er wollte insbesondere das Eins-Sein von Mann und Frau darstellen. Deshalb formte Gott Eva aus Adams Rippe, so dass er sagen konnte: „Diese endlich ist Gebein von meinem Gebein und Fleisch von meinem Fleisch" (V. 23).

Die Gefährtin – die Braut – war gefunden. Sie sollte die Bedürfnisse ihres Mannes erfüllen, aber auch mit ihm über die Schöpfung herrschen. Man beachte die Personalpronomen im Plural. Der Herr sagte: „*Sie* sollen herrschen über die Fische des Meeres und über die Vögel des Himmels und über das Vieh und über die ganze Erde und über alle kriechenden Tiere, die auf der Erde kriechen" (1Mo 1,26, Hervorhebung vom Autor). Die Frau sollte mit Adam zusammen herrschen und ihre Herrschaft über die gesamte Schöpfung ausüben. Sie sollte nach dem göttlichen Plan gleichberechtigte Partnerin sein. Was immer Adam und Eva taten, sie sollten es gemeinsam tun.

Nur Menschen kennen eine Familie. Engel wurden einzeln geschaffen, sie waren nie Kinder, die dann aufwuchsen und Erwachsene wurden. Engel haben keine Großeltern, Tanten, Onkel oder Cousins, auch keine Brüder und Schwestern. Und sie haben nur eine funktionelle Einheit, das heißt, sie haben nur den einen gemeinsamen Zweck, Gott zu dienen. Es gibt keinerlei *organische* Einheit bei ihnen.

Im Gegensatz dazu sollten Adam und Eva Kinder zeugen, die ihnen ähnlich waren. Kain würde eine seiner Schwestern heiraten und Brüder und Cousins haben. Diese Solidarität ist es, die Gott brauchte, um seinen ewigen Plan zu verwirklichen. Bleiben Sie am Ball!

Wiederholen wir kurz: Adam war der erste Mensch und aus ihm wurde eine Braut geschaffen, um mit ihm zu herrschen. Gott hatte die Absicht, eine geeignete Gehilfin für ihn zu finden.

Die Sünde ruinierte das nun alles. Adam und Eva gingen Satan in die Falle und ihr Herrschaftsanspruch war verwirkt. Satan ergriff das Szepter und machte sich zum Herrscher der Welt. Doch Adam verlor nicht seine Stellung als Haupt der menschlichen Familie. Obwohl wir als seine Nachkommen in vielerlei Hinsicht nicht mehr alle Eigenschaften der ursprünglichen Schöpfung haben, war Adam noch immer der Vertreter der Menschheit. Das Bild Gottes war *beeinträchtigt*, jedoch nicht *ausgelöscht*.

Die Liebesgeschichte zwischen Adam, Eva und Gott war nun in Gefahr. Statt die Welt zu beherrschen wurden die Menschen nun von der Welt beherrscht. Krankheit, Zerstörung und Tod waren das Erbe, das nun der Welt harrte. Wir säen, doch wir sind nie sicher, ob wir auch ernten werden; wir schließen Freundschaften, doch immer wieder überkommen uns Eifersucht, Misstrauen und Hass.

Zum Glück ist dies nur das erste Kapitel in der Geschichte. Gott wird eingreifen, um die Finsternis zu vertreiben und die Liebesgeschichte weiterzuführen.

Die Gegenwart: Jesus und die Gemeinde

Der Allmächtige war mit der Gemeinschaft der Dreieinigkeit in der vergangenen Ewigkeit nicht zufrieden. Der Vater, der Sohn und der Heilige Geist lebten in ewiger Harmonie der Ziele und der Handlungen, und ihre Gemeinschaft war schön und vollkommen. Doch offensichtlich fehlte etwas – die Gemeinschaft mit Geschöpfen kann Gottes Eigenschaften viel besser darstellen. Der Sündenfall des Menschen sollte Gott die Gelegenheit geben, seine Liebe und seine Pläne zu offenbaren.

Deshalb beschloss der Allmächtige, das Chaos, das Adam und Eva geschaffen hatten, wieder in Ordnung zu bringen. Insbesondere erwählte er seinen Sohn namens Jesus, der das Haupt einer neuen menschlichen Rasse werden sollte. Dieser Sohn ist als der „zweite Adam" bekannt, denn er hat da Erfolg, wo Adam versagte. Adam war nur ein Bild Gottes, aber Jesus ist das vollkommene „Bild des unsichtbaren Gottes" (Kol 1,15). Er ist solch ein vollkommenes Bild, da er selbst auch Gott ist.

Lange vor dem Fall verhieß Gott der Vater seinem Sohn das Geschenk einer erlösten Menschheit. Der Sohn sollte diese Menschen erkaufen und sie sollten zu einem Leib vereinigt werden, um seine Liebe und Ehre zu teilen. Und weil diese Braut vom Bräutigam zu einem hohen Preis erkauft werden sollte, würde für alle sichtbar, wie sehr er sie liebt.

Denken Sie das einmal durch. *So, wie Gott für Adam eine Braut gesucht hat, so hat er eine Braut für seinen Sohn Jesus Christus gesucht.* Es gefiel ihm, eine Gefährtin zu schaffen, die in der Lage ist, die Herrschaft seines Sohnes über das Universum zu teilen, jemanden, der sein Reich erleben würde. Diese Braut sollte geliebt und geehrt werden und eingeladen sein, den Thron des Universums mit Jesus zu teilen. Gott sei Dank werden Millionen von Menschen zu den Erlösten gehören, vereint zu *einem* Bewusstsein, *einem* Ziel und *einer* Liebe. So wie der Leib eine Einheit ist, und doch viele Glieder hat, so ist es auch mit der Gemeinde: Viele Glieder werden alle zu einem Leib vereint – eine Braut für Gottes geliebten Sohn.

Deshalb steht Jesus an der Spitze der neuen Menschheit, einer neuen Familie. Wenn wir in diese Welt geboren werden, so werden wir vom Samen Adams geboren, der „vergänglicher Same" ist (1Petr 1,23). Wir haben dasselbe Wesen wie unsere gefallenen Eltern und Großeltern. Wenn wir „wiedergeboren" werden (Joh 3,3.7), dann empfangen wir Gottes Samen, damit wir Ebenbilder seines Sohne werden. Wir werden von „unvergänglichem" Samen gezeugt, nämlich von Gottes Samen (1Petr 1,23), damit wir „Teilhaber der göttlichen Natur" werden, Glieder der Familie Gottes (2Petr 1,4). *Wir sollen Jesus so sehr ähneln, wie das Endliche dem Unendlichen nur ähneln kann; wir werden ihm so gleich, wie ein Geschöpf nur dem Schöpfer ähnlich werden kann.*[1]

Was ist Gottes Ziel für uns hier und heute? Wir werden als Gottes erwählte Braut auf unsere zukünftige Verantwortung vorbereitet. Mit den Worten eines anderen Auslegers, Gottes Absicht „ist die Erschaffung und Vorbereitung einer ewigen Gefährtin für den Sohn, genannt die Braut, die Frau des Lammes."[2] Wir werden geprüft, ob wir würdig sind, solche Verantwortung zu übernehmen.

Die Gemeinschaft zwischen Mann und Frau sollte ein Spiegelbild dieses göttlichen Planes sein. Als Ehemänner sollen wir die Schönheit unserer Frau herausstellen, so wie Gott die Gemeinde „verherrlicht darstellt" (Eph

5,27). Wir sollen unsere Frauen als Mit-Erben ansehen, die die Rolle ausfüllen, die Eva auf der Erde eigentlich haben sollte. Lesen Sie diese vertrauten Worte einmal in diesem Zusammenhang:

> *Ihr Männer, liebt eure Frauen, wie auch der Christus die Gemeinde geliebt und sich selbst für sie hingegeben hat, um sie zu heiligen, sie reinigend durch das Wasserbad im Wort, damit er die Gemeinde sich selbst verherrlicht darstellte, sie nicht Flecken oder Runzel oder sonst dergleichen habe, sondern dass sie heilig und tadellos sei.* (Eph 5,25-27)

Wir sind noch nicht mit Christus verheiratet, aber wir sind verlobt. Während dieser Zeit bereitet uns Gott auf die Hochzeit vor. Es ist eine Zeit der Reinigung, der Erprobung und der Übung. Wir werden für die Ehe vorbereitet und für die Rechte, die damit zusammenhängen. Genauso, wie die Braut dieselben Ehren erfährt wie ihr Bräutigam, genauso wird die Gemeinde die Ehre des ewigen Sohnes Gottes erben.

Und es muss noch ein eindrücklicheres Kapitel geschrieben werden.

Die Zukunft: Die Braut auf dem Thron

Wir können nur dann die Ehre haben, gemeinsam mit Christus zu erben, wenn wir mit ihm verwandt sind. Um an seiner Eigentumsurkunde am Universum beteiligt zu sein, müssen wir zu seiner Familie gehören.

Wir gehören dazu, weil Jesus uns zu „Brüdern" gemacht hat. Er kam nicht als Engel nach Bethlehem, sondern als Mensch. „Denn er nimmt sich doch wohl nicht der Engel an, sondern der Nachkommenschaft Abrahams nimmt er sich an" (Hebr 2,16). Jesus musste unser Verwandter werden, damit Gott über uns die Ehre ausgießen kann, die nur für Familienmitglieder bestimmt ist. Wenn wir nicht Gottes Söhne und Töchter wären, dann hätten wir von Rechts wegen keinen Anteil am Familienerbe.

Gott hatte einen „eingeborenen Sohn" (Joh 3,16), aber er wollte viele Kinder haben, insbesondere solche, die zumindest in gewisser Hinsicht wie sein eigener wären.

Denn es geziemte ihm, um dessentwillen alle Dinge und durch den alle Dinge sind, indem er viele Söhne zur Herrlichkeit führte, den Urheber ihrer Errettung durch Leiden vollkommen zu machen. Denn sowohl der, welcher heiligt, als auch die, welche geheiligt werden, sind alle von einem; aus diesem Grund schämt er sich nicht, sie Brüder zu nennen. (Hebr 2,10-11)

Lassen sie mich noch einmal betonen, dass wir „Brüder" Christi sind, weil wir den gleichen Vater haben. Wir alle wissen, wie sich der Rest der Familie eines ungeratenen Sohnes schämt. Eine Frau, die ich kenne, enterbte ihren Bruder, weil er so heruntergekommen war! Wir mögen denken, dass sich Christus ärgert, unser Bruder genannt zu werden, doch das ist nicht der Fall. Ganz gleich wieviel Schande wir der Familie antun, er enterbt uns nicht. Wir haben die Vorrechte der Familienzugehörigkeit und er gibt uns den Familiennamen. Er liebt seine Brüder und Schwestern. Er freut sich darüber, „so viele Söhne in die Herrlichkeit" zu führen.

Wenn in dieser Welt ein Vater stirbt, teilen sich die

Brüder und Schwestern das Familienvermögen. Natürlich stirbt unser Vater im Himmel nicht, aber wir. Wenn wir in den Himmel kommen, sind wir „Erben." Wenn die Eigentumsurkunde verlesen wird, sind wir als Partner eingetragen, wir teilen das Erbe mit dem Sohn. „Der Geist selbst zeugt mit unserem Geist, dass wir Kinder Gottes sind. Wenn aber Kinder, so auch Erben, Erben Gottes und Miterben Christi, wenn wir wirklich mitleiden, damit wir auch mitverherrlicht werden" (Röm 8,16-17).

Wenn Sie gläubig sind, dann können Sie erwarten, dass Ihr Name genannt wird, wenn Gottes letzter Wille und Testament verlesen wird. Weil wir Miterben sind, können wir nicht weggeschoben werden, ohne unser Erbe zu erhalten. Es ist so, dass Christus „zum Erben aller Dinge eingesetzt" wurde (Hebr 1,2), und als seine Brüder und Schwestern sind wir Miterben eines ewigen, himmlischen Lebens. Wir wissen nicht, was alles zu diesem Erbe gehört.

Sicherlich wird jeder Gläubige einen ewigen, unzerstörbaren Leib erhalten, so wie Jesus. Wir werden nicht mehr durch Entfernung oder Zeit begrenzt sein. Auch wird jeder Gläubige dem Vater nahe sein, ihn in all seiner Schöne sehen können und die Ewigkeit damit zubringen, die Wunder seiner Eigenschaften und Pläne zu studieren.

Wenn wir mehr über unser zukünftiges Leben erfahren wollen, dann müssen wir Jesus nach seiner Auferstehung ansehen. Er hatte einen schönen und kräftigen Leib, der strahlende Herrlichkeit überdeckte. All seine Brüder und Schwestern werden wie er sein.

Seht, welch eine Liebe uns der Vater gegeben hat, dass wir Kinder Gottes heißen sollen! Und wir sind es. Deswegen erkennt uns die Welt nicht, weil sie ihn nicht erkannt hat. Geliebte, jetzt sind wir Kinder Gottes, aber es ist noch nicht offenbar geworden, was wir sein werden; wir wissen, dass wir, wenn es offenbar werden wird, ihm gleich sein werden, denn wir werden ihn sehen, wie er ist. (1Joh 3,1-2)

Wir sollten nicht überrascht sein, dass uns Johannes ermutigt, angesichts solcher Aussichten ein reines Leben zu führen. Er fährt fort: „Und jeder, der diese Hoffnung auf ihn hat, reinigt sich selbst, wie er rein ist" (V. 3). Weit entfernt davon, uns eine Entschuldigung zum Sündigen zu geben, sollte uns die Gnade Christi zur Heiligung anspornen. Wir sollten uns wünschen, wie unser Erlöser und „Bruder" zu werden.

Unser berühmter „Bruder" hält uns nicht auf Abstand. Er lädt uns ein, im künftigen Reich und darüber hinaus mit auf seinem Thron zu sitzen. Wir sind seine gleichberechtigten Partner, von Rechts wegen gleichgestellt. Wir, die wir ein Geschenk vom Vater an den Sohn sind, wir, die wir die Braut und ewige Gefährtin des Sohnes sind, sind wohl über diese Verheißung erstaunt: „Wer überwindet, dem werde ich geben, mit mir auf meinem Thron zu sitzen, wie auch ich überwunden und mich mit meinem Vater auf seinen Thron gesetzt habe" (Offb 3,21).

Lassen Sie uns langsam vorgehen. Als Belohnung für seine Treue wurde der Sohn eingeladen, auf dem Thron des Vaters zu sitzen. Wenn wir überwinden, werden wir eingeladen, mit Jesus auf des Vaters Thron zu sitzen, den er rechtmäßig ererbt hat. Deshalb, wenn der Sohn auf des Vaters Thron sitzt, und wir auf dem Thron des

Sohnes sitzen, sitzen wir dann nicht auf dem Thron Gottes?

An dieser Stelle erreichen wir die Grenzen unseres Verstehens – wir können kaum erfassen, was dieser Text bedeutet. Wir verstehen die Worte, aber was damit wirklich gemeint ist, bleibt undeutlich. Wir können nur mit Johannes zuhören, der diese Worte vom Thron vernahm: „Wer überwindet, wird dies erben, und ich werde ihm Gott sein, und er wird mir Sohn sein" (Offb 21,7). Sicherlich flößt uns die Großzügigkeit Gottes Ehrfurcht ein.

Natürlich sollten wir nie meinen, dass wir Gott werden oder seinen Platz einnehmen könnten. Es gibt in der Bibel keine „potentielle Göttlichkeit des Menschen." Nein, Gott hat uns aus der Grube der Sünde geholt und uns in schwindelnde Höhen versetzt. Wir werden für immer Geschöpfe bleiben und er ist der Schöpfer. Wir haben hier keinen Beweis für die Größe des Menschen und seine Möglichkeiten, sondern ein Beispiel für Gottes Liebe und unverdiente Gnade! *Es hat nichts damit zu tun, was wir aus uns selbst machen konnten, sondern nur damit, was Gott gefallen hat, aus uns zu machen!*

Engel sind nicht dazu bestimmt, mit Christus zu herrschen. Einmal sind sie keine „Brüder" Christi und haben deshalb keinen Anteil am Familienerbe. Zum zweiten sind sie nicht dazu erwählt, Christi ewige Gefährtin zu sein. Sie tun den Willen Gottes mit Freude und heiligem Gehorsam, aber sie haben keinen Anteil an Gottes Plan, seinem Sohn eine Braut zu erkaufen.

Lassen Sie mich nochmal wiederholen: Wir werden so sehr Christus ähneln, wie es für ein Geschöpf möglich ist, dem Schöpfer gleich zu sein, wie das Endliche dem Unendlichen gleichen kann. Wir werden mit Christus herrschen, auf seinem Thron sitzen, von ihm erkauft, von ihm geliebt und geehrt. (Was das im einzelnen bedeutet, werde ich in Kapitel 9 genauer ausführen).

Eine Verheißung für die Treuen

Lehrt die Bibel, dass alle Gläubigen mit Christus regieren werden? Spielt es eine Rolle, ob wir uns für unsere himmlische Herrschaft ausbilden lassen? Wird jeder auf die gleiche Weise das Reich erben? Werden alle Heiligen die gleiche Ehre beim Hochzeitsmahl des Lammes erfahren?

Gott hat immer für seine Treuesten besonderen Lohn gehabt. Als Israel Ägypten verließ, war das Volk von Gott erlöst worden. Zumindest ein Überrest derer, die in der Wüste starben, wird im Himmel sein, soweit wir das wissen. Sie wurden vom Blut des Lammes erlöst, und sie erfuhren die Errettung aus Ägypten. Und doch starben sie, ohne die Fülle der Verheißung Gottes zu erreichen, denn sie kamen nicht nach Kanaan. Das Land war eine Verheißung zusätzlichen Segens für die Treuen. Von der älteren Generation erhielten die Verheißung nur Josua und Kaleb.

Sogar Mose kam wegen seines Ungehorsams nicht in das Land Kanaan. Er wird im Himmel sein, aber sein irdisches Erbe hatte er verwirkt. Im Alten Testament war es möglich, gläubig zu sein, zu Gott zu gehören, und doch den zusätzlichen Segen des Erbes nicht zu erhalten. Die Errettung war ein Geschenk durch den Glauben, aber der zusätzliche Segen hing vom Gehorsam ab.

Heute geht es nicht mehr darum, in das Land Kanaan zu kommen, doch es gilt dasselbe Prinzip. Genauso wie einige nicht in das Land kamen und doch in den Himmel, so werden einige in den Himmel kommen, aber nicht die ganze Belohnung erhalten. Belohnung ist immer von Treue abhängig.

Alle Gläubigen haben Gott als ihr Erbe, doch es gibt noch ein anderes Erbe, das denen zusätzlich zukommt, die treu sind. Alle Gläubigen werden Erben sein, aber nicht alle werden das gleiche erben.

Jesus hat dies auch seinen Jüngern gegenüber betont:

Wahrlich, ich sage euch: Ihr, die ihr mir nachgefolgt seid, auch ihr werdet in der Wiedergeburt, wenn der Sohn des Menschen auf seinem Thron der Herrlichkeit sitzen wird, auf zwölf Thronen sitzen und die zwölf Stämme Israels richten. Und ein jeder, der Häuser oder Brüder oder Schwestern oder Vater oder Mutter oder Frau oder Kinder oder Äcker um meines Namens willen verlassen hat, wird hundertfach empfangen und ewiges Leben erben. (Mt 19,28-29)

Stellen Sie sich vor, wie da zurückgezahlt wird! Vater und Mutter um Christi willen zu verlassen, bedeutet „hundertfach" zurückzubekommen und „ewiges Leben zu erben." Offensichtlich ist das ewige Leben eine Gabe an Menschen, die an Jesus glauben. Doch bezieht sich der Ausdruck „ewiges Leben erben" hier offensichtlich auf etwas Zusätzliches, auf mehr als nur in den Himmel zu kommen. Es bezieht sich auf das tiefere Erleben, wenn man von Jesus ernannt wird, die Angelegenheiten des Kosmos als Herrscher oder Richter zu bestimmen. Die Erlösung ist allen garantiert, die Jesus im Glauben annehmen, doch der Lohn nicht. In den Himmel kommen ist das eine, doch dort einen Besitz zu haben das andere. Das eine ist die Folge des Glaubens, das andere der Lohn für Glaube plus Gehorsam.

Die Bibel ist ein realistisches Buch. Sie geht nicht davon aus, dass alle Gläubigen treu sein werden. Es gibt schließlich viele Beispiele für die Untreue von Gläubigen. Die Geschichte selbst beweist, dass viele echte Christen unter Verfolgung zusammengebrochen sind und sogar Jesus verleugnet haben, um ihr Leben oder das ihrer Familie zu retten. Es gibt sogar viele, die Christus nur um eines Arbeitsplatzes oder ihres guten Rufes willen verleugnen. Andere lassen sich von den Versuchungen dieser Welt in die Irre führen.

Die Bibel sagt an keiner Stelle ausdrücklich, dass einige Gläubige *nicht* mit Christus regieren werden. Doch die Verheißungen, die sich auf die Herrschaft mit Christus beziehen, sind fast immer ausdrücklich mit Gehorsam, Treue oder Überwindung gekoppelt. Wie Paulus in 2. Timotheus 2,12 schrieb: „Wenn wir ausharren, werden wir auch mit herrschen; wenn wir verleugnen, wird auch er uns verleugnen; wenn wir untreu sind – er bleibt treu, denn er kann sich selbst nicht verleugnen." In der Offenbarung heißt es: „Wer überwindet und meine Werke bis ans Ende bewahrt, dem werde ich Macht über die Nationen geben" (2,26).

Entweder werden einige Christen nicht mit Christus herrschen, oder sie werden einen kleineren Zuständigkeitsbereich zugeteilt bekommen. Wenn wir uns an das Gleichnis von den Talenten erinnern, werden wir daran denken, dass dem untreuen Knecht das Talent genommen und einem anderen gegeben wurde. Während andere über Städte herrschten, galt das für ihn nicht. Er konnte nur darauf hoffen, in das Reich hineinzukommen, aber nicht, dort die wichtigen Stellungen zu bekleiden.

Hochzeitsvorbereitungen

Etwas weiter oben habe ich schon erwähnt, dass wir mit
Jesus verlobt sind, aber eines Tages werden wir ihn heiraten. Wir finden in der Bibel eine sehr ausführliche
Beschreibung des „Hochzeitsmahles des Lammes" (Offb
19,9), zu dem wir entsprechend gekleidet kommen müssen. Bei jeder Hochzeit, an der ich teilgenommen habe,
waren die Gäste immer sehr am Kleid der Braut interessiert. Der Schnitt des Kleides, der Blumenschmuck und
der Schleier stehen im Mittelpunkt der Aufmerksamkeit.
Wir lesen:

> *Lasst uns fröhlich sein und frohlocken und ihm die
> Ehre geben, den die Hochzeit des Lammes ist
> gekommen, und sein Weib hat sich bereitgemacht.
> Und ihr wurde gegeben, dass sie sich kleide in feine
> Leinwand, glänzend, rein; denn die feine Lein-
> wand sind die gerechten Taten der Heiligen.*

Die gerechten Taten der Heiligen! Was sind das für
„gerechte Taten"? Sicherlich keine Taten, die uns vor
Gott gerecht machen, denn wir können nicht oft genug
betonen, dass wir für die Kleider der Gerechtigkeit, die
Jesus uns gibt, nicht arbeiten können. Dies sind andere
Kleider.

Um beim Hochzeitsmahl des Lammes dabei sein zu
können, brauchen wir zwei verschiedene Sätze Kleider.
Die erste Art ist die Gerechtigkeit Christi, das Gewand,
durch das wir Einlass in den Himmel bekommen. Diese
Kleider bekommen wir als Geschenk, und sie sind
gewissermaßen unsere Eintrittskarte in die himmlischen
Paläste. „Den, der die Sünde nicht kannte, hat er für uns

zur Sünde gemacht, damit wir Gottes Gerechtigkeit würden in ihm" (2Kor 5,21).

Doch der zweite Satz Kleider ist das Hochzeitskleid für das Hochzeitsmahl. Diese Kleider sind nicht die Gerechtigkeit Christi, sondern die Taten, die wir für Jesus auf Erden getan haben. Jesus hat uns für den Himmel bereit gemacht, und wir müssen uns selbst für das Hochzeitsfest bereit machen. Wir müssen zwischen dem unterscheiden, was nur Gott allein tun kann, und dem, an dem wir mithelfen können.

Was tun wir heute? Wir nähen die Kleider, die wir beim Hochzeitsmahl des Lammes tragen werden. Wir sorgen dafür, dass wir nicht ärmlich bekleidet sind, damit wir uns nicht zu schämen brauchen. Johannes warnt: „Und nun, Kinder, bleibt in ihm, damit wir, wenn er geoffenbart werden wird, Freimütigkeit haben und nicht vor ihm beschämt werden bei seiner Ankunft" (1Jo 2,28).

Wenn Sie nun fragen, wie diese Kleider so „glänzend und rein" geworden sind, dann antworte ich, dass viele unserer unvollkommenen Werke vor Gott durch Jesus Christus vollkommen gemacht werden. Gott nimmt, was wir tun, und wenn es für ihn getan ist, dann werden diese Taten glänzend und rein gemacht. Erst kürzlich starb eine Frau, die Jesus in ihrem langen Leben treu geblieben war. Vor vielen Jahren hielt ich bei ihrem Haus, um etwas zu erledigen, und als sie zur Tür kam, war ihr Gesicht von Tränen gerötet. Sie entschuldigte sich für ihre Tränen und erklärte: „Ich bin gerade beim Gebet für meine Familie." Ich glaube, sie hat ein Kleid für ihre Hochzeit genäht und ich meine, sie wird beim Hochzeitsmahl des Lammes sehr gut gekleidet sein.

Der Zweck unserer Anfechtungen und Versuchungen ist es, uns für die Herrschaft mit Christus vorzubereiten.

Wir lernen die Gesetze des Reiches und reagieren auf sie in treuem Gehorsam. Wir haben die Gelegenheit, Überwinder zu werden, damit wir die Verheißungen ererben. „Denn das schnell vorübergehende Leichte der Drangsal bewirkt uns ein über die Maßen überreiches, ewiges Gewicht von Herrlichkeit" (2Kor 4,17). Stellen sie einmal alle ihre Anfechtungen auf eine Waagschale und das Gewicht der ewigen Herrlichkeit auf die andere, und es wird „klonk" machen! Es geht um das Gewicht einer Feder gegen das Gewicht eines Kubikmeters Gold!

Eine Familie, die ich kenne, verlor beide Kinder in einem langen und heftigen Kampf gegen den Krebs. Und jetzt, wo ich das schreibe, wiegt der Vater nur noch 50 Kilo und wartet darauf, an der gleichen Krankheit zu sterben. Was bezweckt Gott damit? Es soll die ewige Freude der Heiligen erhöhen. Nicht die jetzige Freude, ganz sicher nicht, denn jetzt scheint uns alles ganz schrecklich zu sein, *doch wir können nur Überwinder sein, wenn es etwas zu überwinden gibt!*

Wir wollen, dass unser Leben ruhig, sicher und ohne lästige Unterbrechungen vor sich geht. Gott hat einen anderen Plan. Er reinigt uns, er prüft uns, damit wir ihm als die reine Gemeinde vorgestellt werden, bereit, unseren Platz neben Christus auf seinem Thron einzunehmen. Der englische Prediger Spurgeon schrieb: „O gesegnete Axt des Leidens, die mir einen Weg zu Gott bahnt, indem sie die hohen Bäume der menschlichen Bequemlichkeit fällt!"

Unser Bestreben, die Prüfung zu bestehen und Jesu Zustimmung zu erlangen, ist kein Stolz, sondern motiviert uns, einen Gott anzubeten, der so großzügig mit seinen nichtsnutzigen Kindern umgeht. Wir können uns nur über Jesu gnädige Worte wundern: „Fürchte dich nicht, du kleine Herde, denn es hat eurem Vater wohlgefallen, euch das Reich zu geben" (Luk 12,32). Lassen Sie mich wiederholen, dass die Vorstellung, dass wir mit dem Sohn Gottes regieren sollen, nicht unsere Idee ist, sondern seine. Gottes Verlangen ist es, seine Wunder und seine Gnade in alle Ewigkeit zu zeigen, „damit er in den kommenden Zeitaltern den überschwenglichen Reichtum seiner Gnade in Güte an uns erwiese in Christus Jesus" (Eph 2,7).

Im nächsten Kapitel werden wir ausführlicher behandeln, was es bedeutet „Schaden zu leiden." Wir werden versuchen, die Frage zu beantworten, was es heißen könnte, in den Himmel zu kommen, ohne den Lohn der Treuen zu empfangen.

Wir werden lernen, dass wir, wenn wir nicht bereit sind, um Christi willen in diesem Leben Verlust zu erleiden, diesen Verlust dann ganz sicherlich im nächsten Leben erleiden werden. Lassen Sie uns unsere Herzen prüfen, damit wir zu denen gehören, die Christi „recht so" hören.

KAPITEL 4

Was wir verlieren können

Es gibt eine Geschichte von einem Mann, der durch eine öde Wüste läuft. Er ist vom Durst schon sehr schwach, und zu seiner Freude kommt er an einen Brunnen mit einer Pumpe. Neben der Pumpe steht ein kleiner Krug mit Wasser, und darauf steht geschrieben: „Nehmen Sie bitte dieses Wasser, um die Pumpe in Gang zu bringen. Der Brunnen ist tief, so dass genug Wasser für Sie und ihre Behälter da ist. Bitte füllen sie den Krug für den nächsten Reisenden."

Sollte der Mann auf Nummer sicher gehen und den Krug austrinken, damit seine vertrockneten Lippen wenigstens etwas Erleichterung hätten? Oder soll er riskieren, das Wasser in die Pumpe zu gießen, in der Hoffnung, so viel Wasser zu bekommen, wie er braucht?

Glauben wir Gottes Versprechen, dass er uns wiedergeben wird, wenn wir das Risiko eingehen, ihm von ganzem Herzen zu dienen? Oder leben wir, als ob nur dieses Leben zählen würde? Jesus warnt: „Wer sein Leben findet, wird es verlieren, und wer sein Leben verliert um meinetwillen, wird es finden" (Mt 10,39). Wenn ich die Kontrolle über mein Leben an Gott abgebe, dann werde ich das Leben finden; wenn ich selbst die Kontrolle behalte, dann werde ich es verlieren.

Wenn wir uns den Himmel als Vergnügungspark den-

ken, dann müssen wir betonen, dass wir kein Eintritts-
geld zahlen müssen. Jesus muss nur im Glauben angenommen werden, denn wir sind „nicht aus Werken"
gerettet, „damit niemand sich rühme" (Eph 2,9). Doch
wenn wir bei einigen der Attraktionen mitmachen wollen, wenn wir belohnt werden wollen, statt uns über die
Traurigkeit schämen zu müssen, die wir Jesus verursacht
haben, dann müssen wir auf Erden treu sein. Der Eintritt
kostet nichts, aber zusätzliche Freuden werden aufgrund
von guten Werken verteilt.

Das Gericht im Feuer

Das vielleicht lebendigste Bild des Richterstuhls
Christi ist die Metapher des Paulus, die er der Gemeinde
in Korinth schreibt. Er zeigt ein Gebäude mit starken
Fundamenten, das das Gewicht der Wände und des Da-
ches tragen kann. Doch die Materialien für Wand und
Dach müssen erprobt werden. Welche Materialien wurden beim Bau verwendet? Kann dieses Gebäude der Prüfung durch die Zeit widerstehen? Nur wenn das Gebäude
angezündet wird, gibt es eine klare Antwort auf diese Frage. Und ja, einige Baumeister werden Schaden erleiden.

Unglücklicherweise ist dieser Abschnitt oft als ein
Hinweis auf fleischliche Christen interpretiert worden,
die zwar an Christus glauben, aber ihr Leben in offener
fleischlicher Rebellion geführt haben. Und doch, wenn
sie sterben, so wird uns gesagt, kommen sie in den Himmel, gerettet „so wie durchs Feuer" (1Kor 3,15). Doch
Paulus hat das nicht geschrieben, um fleischlichen Christen wenigstens ein bisschen Trost zu geben. Seine Absicht liegt meiner Meinung nach in einer ganz anderen
Richtung.

Er beginnt damit, dass er zu den Korinthern nicht als geistliche Menschen reden kann, „sondern als zu Fleischlichen, als zu Unmündigen in Christus" (1Kor 3,1). Doch denken Sie daran, dass diese Gläubigen lernten, ihre Gaben zu benutzen; sie unterstützten die Gemeinde und waren an geistlichem Leben interessiert. Sie waren keine modernen fleischlichen Christen, die sich in ihrer Jugend für Jesus entschieden haben, aber dann ihr Leben in mutwilliger Sünde verschwendeten. Ihre Fleischlichkeit offenbarte sich in der Unreife, dass sie jeweils ihren Lieblingsprediger auf ein Podest stellten, und die einen dem einen folgten, andere einem anderen (V. 3-4).

Um diese kleinlichen Zänkereien zu regeln, benutzt Paulus zwei Bilder. Das erste ist aus der Landwirtschaft entnommen: „Ich habe gepflanzt, Apollos hat begossen, Gott aber hat das Wachstum gegeben" (V. 6). Gottes Anteil an der Arbeit wird hier betont, nämlich das Wunder des Lebens und des Wachstums. Der Gedanke an Lohn liegt Paulus nie fern, deshalb fährt er fort: „Der aber pflanzt und der begießt, sind eins; jeder aber wird seinen eigenen Lohn empfangen nach seiner eigenen Arbeit" (V. 8).

Dann benutzt er als zweites ein Bild aus der Architektur. „Nach der Gnade Gottes, die mir gegeben ist, habe ich als ein weiser Baumeister den Grund gelegt; ein anderer aber baut darauf; jeder aber sehe zu, wie er darauf baut" (V. 10). Er spricht von den Gemeindeleitern, die Gemeinde bauen. Er warnt und ermutigt hier gleichzeitig diejenigen, die Verantwortung in der Gemeinde tragen.

Nun kommen wir zu den entscheidenden Versen:

Wenn aber jemand auf den Grund Gold, Silber, kostbare Steine, Holz, Heu, Stroh baut, so wird das

Werk eines jeden offenbar werden, denn der Tag wird es klarmachen, weil er in Feuer geoffenbart wird. Und wie das Werk eines jeden beschaffen ist, wird das Feuer erweisen. Wenn jemandes Werk bleiben wird, das er darauf gebaut hat, so wird er Lohn empfangen; wenn jemandes Werk verbrennen wird, so wird er Schaden leiden, er selbst aber wird gerettet werden, doch so wie durchs Feuer. (1Kor 3,12-15)

Paulus betont hier, dass einige Leiter versuchen, Gemeinde mit mangelhaften Mitteln zu bauen. Sie sammeln schnell eine Gemeinde um sich, doch verändern sich die Menschen aufgrund ihres Dienstes nicht. Sie können sogar sehr hart arbeiten, doch weil sie ihre Energie in die falsche Richtung lenken, werden sie nichts haben, das in der Ewigkeit Bestand hat.

Andere versuchen, mit Edelsteinen zu bauen. Ihr Dienst baut auf dem Wort Gottes, dem Gebet und dem Heiligen Geist. Sie schätzen guten Charakter, den D. L. Moody einmal definiert hat als „das, was ein Mensch im Verborgenen ist". Sie wissen, dass sie gerichtet werden, nicht nur für ihre *Taten*, sondern auch für ihr *Wesen*. Als Missionsveteranin sagte Amy Carmichael: „Das Werk wird nie tiefer gehen, als wir selbst gegangen sind." Solche Menschen werden belohnt werden.

Jemand, der „so wie durchs Feuer" gerettet ist, ist zwar in der Tat ein Christ, aber seine Leiterschaft ist fehlerhaft. Er hat sich zu sehr auf sich selbst verlassen, auf seine Techniken und seine Ausbildung. Er ging nicht im Geist der Abhängigkeit und des Glaubens ans Werk und handelte nicht in der Treue, die vom Heiligen Geist gewirkt wird. Er wird „so wie durchs Feuer" gerettet.

Obwohl hier Paulus hauptsächlich die Leiter der Gemeinde anspricht, können wir die Aussagen auf uns alle übertragen. Wir alle bauen täglich an unserem Leben, jeder von uns wird geprüft werden und jedes Leben wird eine Mischung von Edelsteinen und Stroh offenbaren.

Stellen Sie sich einen Moment lang vor, dass alle unsere Taten entweder in Edelmetalle oder in Müll verwandelt und dann angezündet werden. Wie wir unser Leben geführt haben, wird durch das Ausmaß der Flammen deutlich. Die Frage stellt sich: Was bleibt, wenn das Feuer ausgeht? Je mehr Fleischlichkeit und Selbstsucht, desto mehr „Holz, Heu und Stroh" und desto weniger „Gold, Silber, kostbare Steine." Dieses Bild hilft uns allen, die Gründlichkeit des Gerichtes Gottes zu verstehen.

Das endgültige Gericht über die Sünde

Werden wir beim Richterstuhl Christi wirklich unsere Sünden sehen? Vielleicht hat Hoekema recht, wenn er meint, dass die Sünden und Fehler des Gläubigen „als vergebene Sünden offenbart werden, deren Schuld vom Blut Christi vollständig bedeckt ist."[1] Wenn das so wäre, dann könnten wir unsere Sünden sehen. Gott zeigt uns, dass sie durch seine Gnade vergeben sind.

Wir wissen jedoch genau, dass Paulus eindeutig lehrte, dass wir die Konsequenzen unserer schlechten Taten beim Gericht zu spüren bekommen. Er erinnerte die Sklaven daran, ihren Herren so zu dienen, wie sie es für Christus tun würden, „da ihr wisst, dass ihr vom Herrn als Vergeltung das Erbe empfangen werdet" (Kol 3,24). Dann fügt er hinzu: „Denn wer unrecht tut, wird das Unrecht empfangen, das er getan hat; und da ist kein Ansehen der Person" (V. 25). Auch wenn unsere Sünden uns als vergeben gezeigt werden, können wir nicht der Folgerung ausweichen, dass unser Lebensstil vom Richter unter die Lupe genommen wird, und es entsprechenden Lohn und Strafe geben wird. Wir werden für unser „Unrecht" leiden müssen. Auch das Verborgene wird ans Licht gebracht.

Der angesehene Theologe John Murray sagt, wenn er vom Richterstuhl Christi spricht, dass Gott keine Angelegenheit unerledigt läßt. Die Heiligen werden nach seinen Aussagen sogar ein solches Gericht verlangen, weil sie völlig geheiligt sind: „Denn vor dem ernsten Hintergrund ihrer Sünden wird ihre Erlösung durch Jesus um so herrlicher, und nicht nur die Gnade, sondern auch die Gerechtigkeit Gottes wird bei der zusammenfassenden Betrachtung ihrer Errettung gerühmt."[2]

Wir sollten nicht denken, dass der Verlust des Lohnes bedeutet, dass Jesus uns etwas nimmt, das wir einmal gehabt hätten. Wie Woodrow Kroll sagt: „Uns wird nicht unser Lohn genommen, wie einem degradierten Offizier die Streifen von der Uniform gerissen werden."[3] Wir empfangen auf Erden keinen himmlischen Lohn, deshalb gibt es nichts, das uns genommen werden könnte. Erst wenn wir vor unserem Meister stehen, wird der Lohn ausgehändigt. Aber wenn wir keinen Lohn bekommen, dann ist das eine sehr ernste Angelegenheit.

Wenn wir Lohn empfangen, kann ihn uns keiner nehmen. Jesus warnte die Gemeinde in Philadelphia: „Ich komme bald. Halte fest, was du hast, damit niemand deinen Siegeskranz nehme" (Offb 3,11). Damit meinte er nicht, dass jemand unseren Lohn stehlen könnte. Denn Jesus hat betont, dass diejenigen, die Reichtum im Himmel sammeln, nicht bestohlen werden können. Jesus warnt uns jedoch, dass wir unseren Lohn verwirken könnten, indem wir die Gelegenheiten nicht nützen, die

Gott uns gibt. Nur dann kann jemand unseren Siegeskranz nehmen, wenn wir ihm gestatten die Beziehung
zwischen uns und Gott zu behindern.

Drei Ausdrücke helfen uns, uns das Gericht vorzu-
stellen. Paulus schrieb, dass unsere Werke „offenbar"
werden, denn „der Tag wird es klarmachen" weil sie
„durch Feuer geoffenbart" werden (1Kor 3,13). Das Bild
ist ein Mensch, dessen Taschen umgedreht werden, so dass
jedes bisschen Schmutz sichtbar wird. Wir werden zu-
sehen, wenn Jesus alles offenbart, analysiert und richtet.

Zwei Materialien

Zwei Arten von Material werden unterschieden. Wir
können einen Stapel Holz, Heu und Stroh überall finden, besonders auf dem Land. Kostbare Steine dagegen
sind etwas ganz anderes. Wenn wir sie in der Hand halten, dann sind sie wertvoller als ganze Berge von Holz
oder Stroh. Deshalb geht es auch nicht darum, *wie viel*
wir für Jesus tun, sondern eher darum, *was* wir für ihn
tun und *wie* wir es tun. Natürlich bedeutet das nicht,
dass wir so wenig wie möglich für Jesus tun sollten, und
dabei noch behaupten, dass wir unsere Trägheit durch
„Qualität" ausgleichen. Paulus will hier einfach darauf
hinweisen, dass viele unserer Taten wertlos sind, wenn
sie auf die falsche Weise und aus verkehrten Gründen
getan werden.

Warum müssen unsere Werke durch die Flammen
erprobt werden? Das natürliche Auge kann nicht so
leicht den Unterschied zwischen den Baumaterialien
bestimmen. Noch nicht einmal Paulus war sicher, dass er
immer Unrat von Edelsteinen unterscheiden konnte.
Aus unserer Perspektive mag ein Gläubiger nichts als

einen beeindrucken großen Berg brennbarer Teile haben, doch wenn er angezündet wird, kann es sein, dass Goldklumpen in dem Stroh eingebettet waren. Dagegen kann es sein, dass das, was wir für den beachtlichen Goldbarren eines bekannten Heiligen hielten, sich letztlich als Holzimitation herausstellt. Nur das Feuer kann das Echte vom Unechten trennen.

● Unsere Gedanken und Absichten werden gerichtet. „Denn das Wort Gottes ist lebendig und wirksam ... ein Richter der Gedanken und Gesinnungen des Herzens und kein Geschöpf ist vor ihm unsichtbar, sondern alles bloß und aufgedeckt vor den Augen dessen, mit dem wir es zu tun haben" (Hebr 4,12-13). Wir, die wir so gerne unser wahres Ich vor den anderen verbergen und uns selbst oft auch noch etwas vormachen, werden plötzlich nicht mehr wissen, wo wir uns verstecken sollen. Die durchdringenden, erforschenden und allwissenden Augen Christi werden uns ganz durchschauen.

● Unsere Worte werden gerichtet. „Ich sage euch aber, dass die Menschen von jedem unnützen Wort, das sie reden, Rechenschaft geben müssen am Tag des Gerichts" (Mt 12,36). Was in einem Schlafzimmer geredet wurde, wird von den Dächern gerufen werden, denn „es ist aber nichts verdeckt, was nicht aufgedeckt, und nicht verborgen, was nicht erkannt werden wird" (Lk 12,2). Offensichtlich wird nicht alles von den Dächern gerufen, was wir in unserem Zimmer gesagt haben. Jesus spricht von den Sünden, die wir unterschlagen haben und ihm nicht in Bekenntnis und Buße gebracht haben.

● Unsere Motive werden gerichtet. „Mir aber ist es das Geringste, dass ich von euch oder von einem menschlichen Gerichtstag beurteilt werde; ich beurteile mich aber auch selbst nicht. Denn ich bin mir selbst nichts bewusst, aber dadurch bin ich nicht gerechtfertigt. Der mich aber beurteilt, ist der Herr. So verurteilt nichts vor der Zeit, bis der Herr kommt, der auch das Verborgene der Finsternis ans Licht bringen und die Absichten der Herzen offenbaren wird; und dann wird jedem sein Lob werden von Gott" (1Kor 4,3-5).

Wenn wir nicht schon vor der Zeit gerichtet werden, dann nur, weil die ungelösten Streitfälle zwischen Gläubigen beim *Bema* gerichtet werden. Dort werden die Ungerechtigkeiten zwischen Gottes Kindern ans Licht gebracht werden, dort wird die Wahrheit siegen und die Gerechten werden rehabilitiert.
Bedenken Sie:

● Eine amerikanische Missionsgesellschaft sammelte Geld, um Grundstücke einschließlich Gebäude in einem Land Europas zu erwerben. Als der Vorsitzende der europäischen Abteilung sich zur Ruhe setzte, gelang es einem einheimischen Mitarbeiter, den Posten an sich zu reißen, die Satzung der Organisation zu ändern und sich selbst zum Eigentümer einzusetzen. Dieser christliche Leiter hat schließlich die Immobilien der Missionsgesellschaft gestohlen, ihre Leiter aus dem Amt gedrängt und die Kirche und Neubau-Wohnungen auf seinen Namen eingetragen.

● Ein christliches Ehepaar trennte sich in bitterem Streit. Es gab so viele Lügen, Unwahrheiten und tiefe

Verletzungen, dass es selbst Seelsorgern nicht gelang, die beiden auch nur an einem Punkt zu einer Einigung zu bekommen. Der Mann verließ schließlich seine Frau und Kinder, doch er setzte ihre Namen noch immer auf seiner Steuererklärung ein.

Es ist eine große Versuchung zu glauben, dass diese Christen Hand in Hand durch die Tore des Himmels schreiten und alle alten Feindschaften vergeben sind. Ja natürlich, zu dieser Zeit werden alle Gläubigen ihr neues Wesen haben und werden nicht mehr Groll und Bitterkeit gegen einander empfinden. Doch das bedeutet nicht, dass das, was auf Erden geschehen ist, vergessen sei. Paulus lehrte, dass die Gläubigen in Korinth nicht meinen sollten, dass sie jeden Streit schlichten könnten, sondern auf Jesus warten sollten, dass er es tut. Was hat es für einen Zweck, die innersten Geheimnisse ans Licht zu bringen, wenn es nicht um die endgültige Versöhnung über ungeklärte Streitfälle geht? (Vgl. 1Kor 4,3-5, weiter oben zitiert).

Wenn Ihnen zum Beispiel ein rachsüchtiger Mitbruder den Ruf ruiniert, dann trösten Sie sich mit der Tatsache, dass die Wahrheit eines Tages offenbart wird. Ist nicht der Richterstuhl Christi der Ort, wo die Ungerechtigkeiten auf Erden endgültig geklärt werden? Hat nicht aus diesem Grund Paulus verboten, Rache zu nehmen, sondern die Angelegenheit in Gottes Hände zu legen? „Rächt euch nicht selbst, Geliebte, sondern gebt Raum dem Zorn; denn es steht geschrieben: ‚Mein ist die Rache; ich will vergelten,' spricht der Herr" (Röm 12,19).

Jesus wird die Streitereien schlichten, die uns auf Erden verwirrt haben. Er wird „das Verborgene der Finsternis ans Licht bringen und die Absichten der Herzen offenbaren" (1Kor 4,5). Gerechtigkeit entsteht nur, wenn die Beteiligten sehen, dass Unrecht angesprochen und in Ordnung gebracht wird. Der Richterstuhl Christi wird der Ort sein, wo Gott unser Verlangen stillt, dass Ungerechten die Masken vom Gesicht genommen, dass Lügen als solche erkennbar werden und das Recht gewinnt. Die Übeltäter werden schließlich die Wahrheit einräumen, und die Opfer werden entschädigt. Die Gläubigen werden sich gegenseitig Vergebung zusprechen. Erst dann hat die Gerechtigkeit gesiegt.

Kürzlich wurde mir berichtet, dass ein bekannter christlicher Leiter in Wirklichkeit ein Betrüger ist, ein Mann, der leichtgläubige Christen benutzt, um Gelder für sich und seine Familie abzuzweigen. Dennoch predigt er biblisch, und man glaubt allgemein, dass er sich, aus atheistischer Familie stammend, bekehrt hat. Vielleicht haben sich sogar Menschen bekehrt, als sie ihn predigen hörten. Ob er nun beim *Bema* oder beim Großen Weißen Thron gerichtet wird – wir können uns durch die Tatsache trösten, dass eines Tages seine Fassade einstürzt und nur noch das Echte übrigbleibt.

Wie wäre es, „Schaden zu leiden"? Was wären die Konsequenzen, wenn wir merkten, dass unsere Taten in einer Rauchwolke vergehen? Welche Erinnerungen werden wir mit in die Ewigkeit nehmen? Beachten sie den Kontrast zwischen diesen beiden Männern: „Wenn jemandes Werk bleiben wird, das er darauf gebaut hat, so wird er Lohn empfangen; wenn jemandes Werk verbrennen wird, so wird er Schaden leiden, er selbst aber wird gerettet werden, doch so wie durchs Feuer" (1Kor 3,14-15). Wer Schaden erleidet, der wird hier als jemand dargestellt, der aus einem brennenden Haus hinausrennt, das hinter ihm zusammenbricht. Er ist gerettet, denn er kommt genau wie seine treuen Brüder und Schwestern sicher im Himmel an. Aber er hat die Gelegenheit des vollen Lohns verpasst.

Unseren Lohn verlieren

Welche Art Lebensstil kann dazu führen, dass wir unser Erbe verlieren? Wir können unseren Lohn sowohl durch Sündigen als auch durch Verpassen von Gelegenheiten verlieren. Sicherlich erben alle Gläubigen den Himmel mit der Möglichkeit, Jesus zu dienen und am Thron anzubeten. Doch gibt es noch ein weiteres Erbe, eine besondere Belohnung für die Getreuen. Diese zweite Art des Lohnes wird manchmal „das ewige Leben erben" genannt.

Weiter oben habe ich schon einmal herausgestellt, dass einige Ausleger lehren, dass ein Unterschied besteht zwischen dem *Eingehen* ins Reich und dem *Erben* des Reiches. Wir sagen, dass König Hussein das Reich Jordanien geerbt hat, das er viele Jahre lang beherrscht hat. Aber es gibt viele andere Leute, die in seinem Reich leben, die aber nicht an seiner Herrschaft teilhaben.

Um das ewige Leben zu *besitzen*, brauchen wir nur den Glauben an Jesus. Um es jedoch wirklich zu *erben*, brauchen wir Glauben und Gehorsam.[4] Wenn wir uns merken, dass „das ewige Leben erben" oder das Reich „erben" bedeutet, dass es sich um eine besondere Belohnung für treuen Dienst handelt, dann werden wir viele Schriftstellen anders lesen.

Paulus schrieb: „Denn dies sollt ihr wissen und erkennen, dass kein Unzüchtiger oder Unreiner oder Habsüchtiger – er ist ein Götzendiener – ein Erbteil hat in dem Reich Christi und Gottes" (Epheser 5,5). Wer sind die Leute, die kein „Erbteil in dem Reich Christi und Gottes" haben? In diesem Zusammenhang warnt Paulus Christen wegen ihres Verhaltens. Er nimmt an, dass Christen verführt werden und wie „Söhne des Ungehorsams" (V. 6) leben können. Wir kennen alle Christen, die mit sexueller Sucht kämpfen, oder andere, die habgierig oder götzendienerisch sind. Wir alle kennen oder kannten Christen, die mit diesen Sünden sogar dann noch leben, wenn sie von Gott schwer gezüchtigt werden. Die Bibel nimmt an, dass wir aus Erfahrung wissen, dass Christen Schlimmes tun und von schrecklichen Sünden gefangen sein können. Einige sterben sogar in diesem geistlichen Zustand.

Habgier, die auch als eine dieser Übertretungen aufgeführt ist, liegt in jedem von uns tief vergraben. Wir alle können uns mit dem Kampf um Besitz in der Seele identifizieren. Wenn wir solche Sünden nicht mit der Hilfe Christi beherrschen, dann werden sie ganz sicher uns beherrschen. Wenn Paulus hier gemeint hätte, dass diejenigen, die solche Sünden begehen, nicht in das Reich *kommen* würden, dann wäre ständig unsere Errettung gefährdet. Jeder von uns könnte von einer solchen Sünde überwunden werden und in Ungnade sterben.

Vielleicht meinte Paulus folgendes: Diejenigen, die solche Sünden tun, werden zwar in das Reich hineinkommen, aber sie werden es nicht erben. Wenn eine oder mehrere dieser Sünden ihr geistliches Leben bestimmen, und sie sich weigern, das Böse zu richten, dann verwirken sie die Ehre, im Reich mit zu herrschen.

Paulus lehrt ähnliches in seinen Anweisungen an die Gemeinde in Galatien. Hier ist die Liste der Sünden, die Menschen vom „Erbe des Reiches" ausschließen, sogar noch länger.

> *Offenbar aber sind die Werke des Fleisches; es sind: Unzucht, Unreinheit, Ausschweifung, Götzendienst, Zauberei, Feindschaften, Hader, Eifersucht, Zornausbrüche, Selbstsüchteleien, Zwistigkeiten, Parteiungen, Neidereien, Trinkgelage, Völlereien und dergleichen. Von diesen sage ich euch im voraus, so wie ich vorhersagte, dass die, die so etwas tun, das Reich Gottes nicht erben werden.* (Gal 5,19-21, Hervorhebung vom Autor)

Wieder spricht Paulus von denen, die bestimmte Privilegien im Reich durch ihren sündigen Lebensstil verwirken. Obwohl wir festhalten müssen, dass viele sogenannte fleischliche Christen überhaupt keine Christen sind, müssen wir doch auch erkennen, dass es möglich ist, dass echte Christen ernsthaft scheitern. Und dies wird beim Richterstuhl Christi offenbar werden.[5]

Ich gebe offen zu, dass die meisten Ausleger mit der obigen Auslegung nicht einverstanden sind. Sie lehren, dass sich die Beschreibung des Paulus auf Unbekehrte bezieht, die ohnehin den Richterstuhl Christi nicht erleben werden und beim Gericht vor dem Großen Weißen Thron gerichtet werden. Wer einen Lebensstil führt, der sich durch diese Sünden charakterisieren lässt, so heißt es, beweist damit, dass er kein Christ ist. Sie argumentieren, dass ein Christ in diese Sünden *abgleiten* kann, dass aber sein Lebensstil nicht von ihnen *charakterisiert* ist.

Es ist nicht meine Absicht, diese Auslegungsfrage hier zu klären. Jedenfalls sind die Worte des Paulus eine nüchterne Warnung an uns alle. Zunächst müssen wir untersuchen, ob wir ein Leben führen, das von diesen Sünden frei ist, die Gott so schwer bestraft. Sicherlich betrügen sich viele von denen selbst, die behaupten, gläubig zu sein, und doch diese Sünden tun. Wir müssen uns daran erinnern, dass es möglich ist, dass man zwar *bekennt*, ewiges Leben zu haben, aber es nicht wirklich *hat*. Mit anderen Worten, viele, deren Leben von diesen Sünden geprägt ist, werden sich auf der falschen Seite des Himmelstores wiederfinden.

Doch zweitens bin ich mir sicher, dass wir zustimmen würden, dass Christen, die solchen Sünden erlauben, Teil ihres Lebens zu werden, weniger Lohn erhalten werden. Treue bedeutet nicht nur, dass wir gute Taten tun, sondern dass wir auch keine bösen tun. Ein Ergebnis der Wiedergeburt ist Liebe zu Gott und Ablehnung der Sünde. Wenn wir als Kinder Gottes tolerieren, was unser Vater hasst, dann wird er uns in diesem und im zukünftigen Leben züchtigen.

Wenn wir die Frage stellen, wie Gott ein Leben beurteilt, in dem sich Versagen und Erfolg so mischen, wenn wir uns fragen, wie Gott z. B. zwanzig Jahre treuen Dienst und ein Jahr des moralischen Versagens gegeneinander wägt, dann haben wir keine Antwort darauf. Wenn Gott genau gesagt hätte, was wir tun müssen, um das Reich zu „erben" und die Anzahl an Fehlern, bevor wir das Erbe „verwirken", dann könnten Sie sicher sein, dass einige von uns nur gerade so das Minimum tun würden, um die Rechnung zu begleichen!

Sicherlich werden diejenigen, deren Leben von solchen Sünden gekennzeichnet war, mehr Schaden leiden, als diejenigen, die mit diesen Sünden gerungen haben, aber sie ständig durch Buße und Bekenntnis verurteilt haben. Doch auch wenn die Sünden, die wir bereut und bekannt haben, nur als verlorener Lohn gerechnet werden, werden sie doch immer noch das Ergebnis unseres Urteils stark beeinflussen. Wenn wir unser Leben verschwenden, dann werden wir immer noch Verlust erleiden, auch wenn wir noch kurz vor unserem Tod Buße tun.

Als die Gemeinde in Korinth Gottes zurechtweisende Hand zu spüren bekam, weil sie den Tisch des Herrn nicht ehrten (es gab einige, die mit Krankheit geschlagen waren, andere waren sogar gestorben), ermahnte sie Paulus folgendermaßen: „Wenn wir uns aber selbst beurteilten, so würden wir nicht gerichtet. Wenn wir aber vom Herrn gerichtet werden, so werden wir gezüchtigt, damit wir nicht mit der Welt verurteilt werden" (1Kor 11,31-32).

Je konsequenter wir unsere Sünden durch Buße und Umkehr richten, desto leichter wird unser zukünftiges Urteil. Auch wenn wir in erkannte Sünde zurückfallen, dürfen wir doch nie Frieden mit der Sünde schließen. Ungerichtete Sünde, das heißt, Sünde, die wir absichtlich begangen haben, kann uns, das meine ich, davon ausschließen, unsere Herrschaft mit Christus vollständig auszuschöpfen und zu genießen.

Don Carson, Professor an der Trinity International University, berichtet, dass er in Europa mit einem Studenten gesprochen hat, der seine Frau betrog, als er weit weg von zu Hause in Deutschland an der Universität studierte. Als Carson ihm vorhielt, dass dies die Züchtigung Gottes zur Folge haben würde, antwortete der Ehebrecher: „Aber ich erwarte natürlich, dass Gott mir vergibt, das ist ja schließlich seine Aufgabe!" Carson glaubte nicht, dass dieser Mann ein Christ war, aber wenn ein Gläubiger eine solche Haltung einnehmen würde, dann würde er sicherlich getadelt und er würde auch keinen Lohn erhalten.

In der Schrift gibt es viele Warnungen an Menschen, die die Gnade Gottes missbrauchen wollen. Es gibt auch viel

Ermutigung für Menschen, die gegen die Sünde ankämpfen, aber ab und zu die Schlacht verlieren. Das Verlangen unseres Herzens und die Richtung unseres Lebens wird sicherlich beachtet werden, wenn wir vor Jesus stehen.

Denken Sie daran, dass unser gesamtes Leben beurteilt wird. Die Zeiten geistlichen Sieges werden mitsamt dem Versagen untersucht. Weil Gott großzügig ist, wird er mehr Gutes in unserem Leben finden, als uns bewusst ist. Wir sollten daran denken, dass Paulus uns versichert hat, dass der Tag kommt, an dem „jedem sein Lob werden wird von Gott" (1Kor 4,5).

Auf eine zweite Art können wir unser Erbe verwirken, nämlich indem wir uns weigern, die Freuden des Opfers und der ungeteilten Hingabe an Jesus anzunehmen. Lohn basiert auf unserer konsequenten Treue in der Nachfolge Jesu, auch wenn es uns viel kostet. Gott gibt jedem von uns Zeit, Talente und Schätze. Wenn wir diese verschwenden oder so leben, als ob diese Gaben uns gehörten und nicht ihm, dann riskieren wir, unser Anrecht auf Belohnung zu verwirken.

Im nächsten Kapitel werden wir etwas genauer betrachten, wonach Jesus sucht, wenn er uns richtet. Wir werden Wege aufzeigen, wie wir ihm gefallen oder missfallen können. Nicht jeder muss Vater und Mutter verlassen, nicht jeder muss Verfolgung erleiden, um reichlichen Einlass ins Reich Gottes zu finden. Doch wenn wir unsere Pflichten vernachlässigen, müssen wir uns für unsere Nachlässigkeit verantworten.

Ein Mann, der Verlust erlitt

Die Vorstellung negativer Konsequenzen beim Richterstuhl Christi gefällt keinem von uns. Viele Christen denken, dass Jesus uns beim *Bema* niemals tadeln würde. Unsere Sünden seien abgewaschen, und Gott kann uns ihrer Meinung nach für unsere Fleischlichkeit, Selbstsucht und unser verschwendetes Leben nicht mehr verurteilen. Weil wir nicht mehr unter dem Verdammungsurteil stehen, fühlen wir uns sicher, dass jeder Verlust, den wir zu erleiden haben, nicht allzu schwerwiegend sein könnte.

Doch wie wir gehört haben, richtet Gott sein Volk schon auf Erden, auch wenn ihnen vergeben wurde und sie gerechtfertigt sind. Ananias und Saphira wurden für ihre Heuchelei mit dem Tode bestraft und fleischliche Gläubige in Korinth waren gestorben, weil sie den Tisch des Herrn nicht achteten (1Kor 11,30). Es gilt das einfache Prinzip, dass Gott seinen Kinder den Ungehorsam nicht durchgehen läßt, auch wenn ihr Platz im Himmel gesichert ist und ihre Übertretungen vom Gesetz her vergeben sind. Er richtet sie, auch wenn sie nicht die Gelegenheit haben, es das nächste Mal besser zu machen.

Ich stimme mit Kendall überein, der schreibt: „Wir müssen schlussfolgern, dass kein Widerspruch besteht zwischen der Rechtfertigungslehre des Paulus und seiner Vorstellung vom Gericht Gottes, und dass die Tatsache, für gerecht erklärt zu sein und dem Zorn Gottes entkommen zu sein ... uns nicht vom Lohn und von der Strafe am jüngsten Tag befreit."[6] Durch das Opfer Christi wird uns die ewige Strafe für unsere Sünde erspart, doch wir werden für unsere Reaktion auf Gelegenheiten beurteilt, die wir erhalten. Ich kann meine Errettung nicht verlieren, aber es gibt *anderes* zu verlieren!

Lassen Sie uns einmal überlegen, wie es beim Richterstuhl Christi wirklich sein wird. Wenn wir nur jemanden treffen könnten, der schon dort gewesen ist! Am nächsten kommen wir dem sicherlich, wenn wir uns an ein Gleichnis erinnern, das Jesus erzählt hat. Es handelt von einem Mann der Verlust erlitten hat – bedeutsamen Verlust – obwohl er offensichtlich „so wie durchs Feuer" gerettet war (1Kor 3,15).

Ein Adeliger ruft seine Knechte zusammen, gibt jedem von ihnen Geld und geht dann auf eine Reise. Einer erhält fünf Talente, ein anderer zwei und ein dritter nur eines. Zwei der Sklaven nutzen die Gelegenheit. „Sogleich aber ging der, welcher fünf Talente empfangen hatte, hin und handelte mit ihnen und gewann andere fünf Talente. So auch, der die zwei empfangen hatte, auch er gewann andere zwei" (Mt 25,16-17).

Als der Herr zurückkommt, ruft er seine Knechte, damit sie ihm über das Geld Rechenschaft ablegten. Als der Knecht mit den fünf Talenten ihm zehn bringt, lobt ihn der Herr. „Recht so, du guter und treuer Knecht! Über weniges warst du treu, über vieles werde ich dich setzen; geh ein in die Freude deines Herrn" (V. 21). Der Knecht, dessen zwei Talente zu vieren geworden sind, hört dieselben freundlichen Worte.

Das kennen wir aus dem Alltagsleben. Wir haben nicht alle die gleiche Anzahl an Talenten – einige haben eines, andere haben zwei, während ein paar fünf oder zehn bekommen. Gott erwartet nicht, dass jemand mit zwei Talenten soviel schafft wie der mit fünf Talenten. Doch weil der Lohn darauf basiert, ob man mit dem Anvertrauten treu war, haben sowohl der mit den zwei als auch der mit den fünf Talenten denselben Lohn erhalten.

Der dritte Knecht versteckt sein Geld in der Erde, damit es kein Dieb finden kann. Vielleicht erwartet er, für seine Schlauheit belohnt zu werden, doch er ist gewiss nicht auf die Antwort gefasst, die ihn erwartet:

„Böser und fauler Knecht! Du wusstest, dass ich ernte, wo ich nicht gesät, und sammle, wo ich nicht ausgestreut habe? So solltest du nun mein Geld den Wechslern gegeben haben, und wenn ich kam, hätte ich das Meine mit Zinsen erhalten" (V. 26-27).

Dann fügt er hinzu: „Nehmt ihm nun das Talent weg, und gebt es dem, der die zehn Talente hat; denn jedem, der da hat, wird gegeben werden, und er wird Überfluss haben; von dem aber, der nicht hat, von dem wird selbst, was er hat, weggenommen werden" (V. 28-29).

Böse! Faul!

Die Worte des Herrn treffen. Was hat dieser Knecht getan, um solch ein hartes Urteil zu verdienen? Offensichtlich fühlte er sich unterlegen, weil er sich mit denen verglichen hat, die mehr Talente als er bekommen hatten. Er sagte praktisch: „Wenn ich nicht fünf Talente haben kann, dann werde ich das eine, das ich habe, nicht nutzen." Wenn er nicht ein Fünf-Talente-Mann sein konnte, dann wollte er kein Ein-Talent-Mann sein. Die Sünde, sich mit anderen zu vergleichen, verkrüppelte ihn.

Dieser Knecht fürchtete sich auch vor Versagen und hatte keine Motivation, seine Furcht zu überwinden. Es ging nicht nur darum, dass er die Wirtschaftslage kritisch beurteilte – er hat die Entscheidung getroffen, den einfachsten Weg zu gehen. Er wollte nicht das Risiko einer Investition eingehen. Er war der Meinung, dass eine Kiste in der Erde sicherer war, als das Geld zur Bank zu tragen.

Er ist mit seinem Talent unzufrieden, und so ist er unzufrieden mit Gott. Seiner Meinung nach ist Gott grausam und mächtig, er erntet, wo er nicht gesät und sammelt, wo er nicht ausgestreut hat. Gott ist jemand, der unvernünftige Anforderungen stellt. Ich glaube, dieser Knecht war verbittert, weil er sich betrogen fühlte. Er meinte, er grabe ein Loch für das Geld, doch eigentlich hat er es für sich selbst gegraben. Doch Gott wollte ihm seine Entschuldigungen nicht abnehmen!

Was verlor er?

Zunächst einmal *die Anerkennung seines Herrn.* „Böser und fauler Knecht!" (V. 26). Vielleicht wird Jesus am jüngsten Tag ähnliche Worte zu einigen von uns sprechen. Diese Worte sind schließlich ein Ausdruck der Enttäuschung und der Trauer. Wenn wir untreu sind, werden wir ermahnt werden.

Zweitens wurde der Knecht *zeitweilig abgelehnt.* „Nehmt ihm nun das Talent weg, und gebt es dem, der die zehn Talente hat" (V. 28). Vielleicht hilft uns das, die Worte des Paulus zu verstehen:

> *Das Wort ist gewiss:*
> *Denn wenn wir mit gestorben sind, werden wir auch mit leben*
> *Wenn wir ausharren, werden wir auch mit herrschen;*
> *Wenn wir verleugnen, wird auch er uns verleugnen;*
> *Wenn wir untreu sind – er bleibt treu, denn er kann sich nicht verleugnen.*
>
> (2Tim 2,11-13)

Paulus scheint hier sagen zu wollen, dass es möglich ist, dass wir nicht ausharren. In diesem Falle würden wir nicht mit ihm herrschen. Es ist auch möglich, dass wir ihn verleugnen, und in diesem Fall wird auch er uns verleugnen. Wenn das der Fall sein sollte, dann können wir uns darüber freuen, dass auch, wenn wir untreu sind, er uns treu bleiben wird. Er wird keines seiner Kinder ablehnen, aber als seine Knechte wird er uns zurückweisen.

Oder denken Sie an die Worte Christi: „Denn wer sich meiner und meiner Worte schämt unter diesem ehebrecherischen und sündigen Geschlecht, dessen wird sich auch der Sohn des Menschen schämen, wenn er kommen wird in der Herrlichkeit seines Vaters mit den heiligen Engeln" (Mk 8,38). Stellen Sie sich vor, dass Jesus sich zeitweilig unser schämt, weil wir uns wegen ihm geschämt haben!

Und wieder muß ich darauf hinweisen, dass viele Ausleger dieser Abschnitte der Ansicht sind, dass es hier um Ungläubige geht. Kein Gläubiger, so wird argumentiert, würde sich je ständig Christi schämen. Doch im Zusammenhang wird klar, dass diese Warnungen an Gläubige gerichtet sind. Paulus sagte, dass er „uns" verleugnen wird, wenn „wir" ihn verleugnen. Offensichtlich war er der Meinung, dass es auch für ihn möglich sein könnte, so zu scheitern.

Drittens wurde dem Knecht *die Herrschaft im Reich verweigert.* „Nehmt ihm nun das Talent weg, und gebt es dem, der die zehn Talente hat, denn jedem, der da hat, wird gegeben werden, und er wird Überfluss haben; von dem aber, der nicht hat, von dem wird selbst, was er hat, weggenommen werden" (V. 28-29). In einem ähnlichen Gleichnis bei Lukas verwirkte der untreue Knecht die Herrschaft über die Städte (Lk 19,11-27).

In dem Abschnitt bei Matthäus berichtet der Text, dass der Knecht „hinaus in die äußere Finsternis" geworfen wurde, wo „das Weinen und das Zähneknirschen" sein wird (Mt 25,30).

Es ist schwierig zu entscheiden, wie das Urteil über diesen Knecht zu interpretieren ist. Einige Ausleger sind der Ansicht, dass dieses strenge Gericht beweist, dass er ein Ungläubiger war. Vielleicht wollte Jesus, dass wir das Gleichnis als Warnung an diejenigen verstehen, die vorgeben zu glauben, aber deren Lebensstil ihr Zeugnis Lügen straft.

Doch Warren Wiersbe ist ein Vertreter der Ausleger, die darauf hinweisen, dass wir diese Behandlung nicht als Höllenstrafe interpretieren müssen, sondern als die tiefe Reue eines untreuen Knechtes. Er trauert tief in der Finsternis außerhalb des königlichen Palastes, doch ist er noch immer ein Knecht, und wird deshalb im Haushalt des Königs wieder willkommen geheißen. Wiersbe schreibt: „Der Mann wurde vom Herrn beurteilt, er verlor seine Gelegenheit zum Dienst und er bekam weder Lob noch Lohn. Für mich ist das die äußere Finsternis."[7]

Wir müssen davor warnen, unsere Theologie nicht allein auf Gleichnissen aufzubauen, sondern daran denken, dass sie erzählt wurden, um einen Hauptpunkt zu erläutern. Jesus benutzte diese Geschichte, um seine Jünger auf die Gefahr verpasster Gelegenheiten aufmerksam zu machen. Hier finden wir die Warnung für uns alle, die wir versucht sind, unser Talent in der Erde zu vergraben, sei es aus Angst oder aus Selbstsucht. Und wenn wir mit unseren verherrlichten Leibern in Reinheit vor Jesus stehen, dann werden die Sünden, die wir auf Erden getan haben, viel schrecklicher aussehen, als wir sie je empfunden haben. Trauer, und zwar *tiefe Trauer*, wird dann verständlich.

Können wir sagen, dass einige Gläubige beim Richterstuhl Christi *bestraft* werden? Sicherlich wurde unsere ewige Strafe von Christus getragen, deshalb werden wir von Gott nicht mehr verurteilt. Aber ist nicht Gottes harte Züchtigung auf Erden eine Form der Strafe? Ist nicht der

Tadel Christi und der Verlust von Lohn eine Form der Strafe für ein Leben, das angesichts ungeheurer Möglichkeiten achtlos vertan wurde? Ist es nicht der Zweck jedes Richters, Belohnung und Strafe zu verteilen?

Lassen Sie uns zumindest tapfer betonen, dass die negativen Konsequenzen des Gerichts weitreichend sind. Es handelt sich um ein Gericht, um eine Prüfung, wie wir unser Leben geführt haben, mit entsprechendem Lohn, der uns entweder verliehen oder vorenthalten wird. In der Tat, wir wissen nicht, ob es überhaupt möglich ist, sich von der Offenbarung beim *Bema* wieder zu erholen. Vielleicht werden diejenigen, die Verlust erleiden, einige Möglichkeiten für ewig verlieren. Hoyt hilft uns, ausgeglichen zu denken, wenn er schreibt: „Wenn wir den traurigen Aspekt des Richterstuhls Christi überbetonen, dann verwandeln wir den Himmel zur Hölle. Wenn wir ihn jedoch zu wenig betonen, dann machen wir die Treue zur Nebensache."[8]

Wir sollten nicht denken, dass die untreuen Christen die Ewigkeit an den Rändern des Reiches Gottes verbringen, indem sie sich in einer finsteren Ecke verstecken. Der Himmel wird nicht aus zwei großen Gemeinschaften bestehen, aus den Treuen und den Untreuen. Die meisten von uns werden irgendwo dazwischen sein, und natürlich wird jeder glücklich und erfüllt seinem Dienst nachgehen. Doch die untreuen Christen haben die wunderbare Erfahrung verpasst, Jesu Anerkennung zu erringen. Jeder im Reich wird ein Kind Gottes sein, jeder wird dienen, doch es scheint so, dass nicht jeder mit Christus herrschen wird.

Die Leute denken oft, dass es reicht, wenn ihr Konto weder Gewinn noch Verlust aufweist. Nein, das Talent, das der Knecht bekommen hat, sollte Gewinn machen.

Er musste bereit sein, um des Königs und des Reiches willen ein Risiko einzugehen. Er musste bereit sein, seinen Wasserkrug zu benutzten, um die Pumpe in Gang zu setzen in dem Glauben, dass seine kleine Investition ihm alles Wasser bringen würde, das er je brauchen würde.

Es gibt eine Geschichte, eine Legende aus Indien. Ein Bettler sah einen reichen Radscha in einem prächtigen Wagen auf sich zukommen. Der Bettler ergriff die Gelegenheit, stellte sich an den Rand der Straße, und streckte seine Reisschüssel vor, weil er sich eine Gabe erhoffte. Zu seinem Erstaunen hielt der Radscha an, schaute den Bettler an und sagte: „Gib mir etwas von deinem Reis."

Der Bettler wurde zornig. Dieser reiche Prinz erwartete von ihm, dass er ihm Reis abgäbe! Zögernd gab er ihm ein Reiskorn.

„Bettler, gib mir noch mehr von deinem Reis!"

Zornig gab ihm der Bettler noch ein Reiskorn.

„Noch mehr bitte!"

Mittlerweile kochte der Bettler innerlich. Und wieder gab er dem Radscha knausrig ein Reiskorn, dann ging er weg. Als der Wagen weiterfuhr, schaute der Bettler in seinem Zorn in seine Reisschüssel. Er sah, dass dort etwas glitzerte. Es war ein Goldkorn, genau in der Größe des Reiskorns. Er schaute noch genauer hin und fand noch zwei.

Für jedes Reiskorn ein Goldkorn.

Wenn wir unsere Schüssel Reis umklammern, dann werden wir unseren Lohn verlieren. Wenn wir treu sind, und Gott jedes Körnchen schenken, dann gibt er uns Gold zurück.

Und das Gold, das Gott uns schenkt, wird das Feuer überdauern.

Kapitel 5

Worauf Christus achten wird

Je ehrlicher wir sind, desto mehr sind wir geneigt zu schließen, dass wir keinen Lohn erhalten werden. Die meisten von uns finden sich selbst – zumindest teilweise – in der Haltung des untreuen Knechtes wieder, der sein Talent vergräbt und von seinem Meister dafür getadelt wird. Wenn wir Gott bitten, unser Herz zu erforschen, sehen wir wenig Gutes und viel Verdorbenes. Haben wir überhaupt Hoffnung, den Satz zu hören: „Recht so, du guter und treuer Knecht"?

Der Gedanke an ein gründliches Gericht, das auch unsere verborgensten Absichten und intimsten Gedanken enthüllt, ist für uns eher erschreckend als tröstend. Wir hatten gehofft, uns in den Himmel schleichen zu dürfen, in die hinterste Bank zu schlüpfen und nicht mit unserer schlechten Lebensführung auf Erden konfrontiert zu werden. Jetzt, da wir wissen, dass alles, was wir seit unserer Bekehrung gedacht, getan oder gesagt haben, Einfluss auf das Ergebnis nehmen wird, sind wir uns nicht mehr sicher, ob wir sterben und bei Jesus sein wollen. Wir hoffen, dass sich zwischen dem Holz, Heu und Stroh wenigstens einige Goldkörnchen finden, doch wahrscheinlich werden es nur hier und da ein paar wenige sein. So empfinden wenigstens alle Christen, die ehrlich mit sich selbst sind.

Wie kann überhaupt jemand von uns erwarten, etwas zu erhalten? Lassen Sie uns ehrlich anerkennen, dass keiner von uns all die Werke tut, die die Bibel als belohnungswürdig bezeichnet. Unsere Gelegenheiten sind begrenzt, unser Leben zu kurz und unser Herz zu sehr in Sünde gefangen. Einige Christen müssen im Rollstuhl oder sogar im Gefängnis sitzen, wo es nur wenige Gelegenheiten zum Dienst gibt.

Unsere Motive sind nur selten so rein, wie wir es gern hätten; wenn unsere geheimsten Gedanken für alle offengelegt würden, würden wir am liebsten auf einer einsamen Insel wohnen.

Es ist an der Zeit für mutmachende Worte.

Zunächst sollten wir uns daran erinnern, dass der Wert einer Tat von der Herzenshaltung abhängt. Wenn wir mehr für Christus tun wollen, es aber aus menschlicher Begrenztheit nicht können, dann wird Gott unser Verlangen mit einrechnen. Wir werden aufgrund der Treue gerichtet, mit der wir die Gelegenheiten ergreifen, die sich uns bieten.

Wenn es zum Beispiel um Bedauern geht, dann betont Paulus die Herzenshaltung. „Denn wenn die Bereitwilligkeit da ist, so ist sie willkommen nach dem, was sie hat, und nicht nach dem, was sie nicht hat" (2Kor 8,12). Wenn Sie zwanzig Mark spenden, aber mehr geben würden, wenn es möglich wäre, dann werden Sie für mehr als den gegebenen Betrag belohnt. Wenn Sie nur 10 Mark geben wollen, aber aus Versehen einen Hundertmarkschein in die Kollekte gegeben haben, dann werden Sie auch nur für 10 Mark belohnt. Die Schärflein der Witwe waren fast wertlos, wenn wir vergleichen, was der Tempeldienst kostete. Doch sagte Jesus: „Diese arme Witwe hat mehr eingelegt als alle, die in den Schatzkasten eingelegt haben", denn sie „hat aus ihrem Mangel alles, was sie hatte, eingelegt, ihren ganzen Lebensunterhalt" (Mk 12,43-44). Ihre Gabe ist besonders wertvoll, weil sie von Herzen gegeben hat, und gar nicht wusste, dass Jesus zusah. Ihr großzügiges Wesen zählt.

Wir sollten hier anmerken, dass die richtige Motivation nicht bedeutet, dass wir eine bestimmte Tat gerne tun. Sicherlich hatten die Sklaven zu Paulus' Zeit keine Freude daran, ihre Herren (die oft grausam waren) so zu behandeln, wie sie Christus behandeln würden. Gott bittet uns oft um Handlungen, die uns schwer fallen, z. B. Unrecht zu erleiden, und ganz allgemein Leiden jeder Art zu ertragen. Der Test für ein Motiv ist, ob es für Jesus getan wird, ganz gleichgültig, ob uns die Erfahrung nun gefällt oder nicht.

Zweitens sollten wir uns daran erinnern, dass Jesus unsere Taten nimmt, wenn sie in seinem Namen geschehen sind, und sie vor Gott annehmbar macht. Die Wahrheit ist, selbst wenn wir mit einer so selbstlosen Motivation wie nur möglich handeln, sind unsere Taten doch immer noch durch unsere Sündhaftigkeit verdorben. Wir helfen jemandem über die Straße, doch oft nur deswegen, damit wir uns gut fühlen, denn wir alle wissen gern, dass wir gebraucht werden. Und vielleicht auch, um unserer Familie abends sagen zu können, dass wir heute unsere gute Tat getan haben. Wir geben Geld für die Gemeindearbeit und hoffen insgeheim, dass sich die Nachricht verbreitet, dass wir zu den Großzügigen gehören.

Eines Tages sah ich, wie eine junge Frau ganz verzweifelt ihr Auto stehen ließ, und die Straße hinabging. Ich hielt an und erfuhr, dass sie kein Benzin mehr hatte. So fuhr ich zur nächsten Tankstelle, kaufte einen Kanister voll Benzin und fuhr zurück. Als ich so in meinem guten Anzug das Benzin am Straßengraben in das Auto füllte, kam mir der Gedanke: *Wie schön, wenn alle Leute aus meiner Gemeinde mich jetzt sehen könnten!*

Wie hinterhältig sind doch unsere Gedanken!

Wie können solche Werke vor Gott annehmbar werden? Können wir für Taten belohnt werden, wenn unsere Haltung nicht absolut liebevoll und frei von aller Selbstsucht ist? Ja, auch hier bereitet uns unser Erlöser auf den Tag vor, an dem er unser Richter sein will. Wir sollen nicht für Jesus arbeiten wie ein Arbeitnehmer für seinen Arbeitgeber, wir sollen für ihn arbeiten wie Söhne und Töchter in einer liebevollen Familie. *Jesus arbeitet an und für uns, um dem Vater zu gefallen!*

Jesus nimmt unsere Taten mit unseren guten Absichten und reinigt sie, so dass sie vor Gott bestehen können. Petrus schreibt: „Lasst euch auch selbst als lebendige Steine aufbauen, als ein geistliches Haus, ein heiliges Priestertum, um geistliche Schlachtopfer darzubringen, Gott wohlannehmbar durch Jesus Christus" (1Petr 2,5). *Opfer wohlannehmbar durch Jesus Christus!*

Wir haben gelernt, dass gute Taten, die wir vor unserer Bekehrung getan haben, keinerlei Wert haben. Die Ursache dafür, dass unsere Taten nach der Bekehrung eben doch einen Wert haben, liegt daran, dass Jesus sie vor den Vater bringt! Weil wir mit Christus verbunden sind, können wir sagen, dass Gott die Taten so sieht, als habe Jesus selbst sie getan!

Paulus sagte, dass wir das Gute anerkennen sollen, „damit ihr lauter und unanstößig seid auf den Tag Christi, erfüllt mit der Frucht der Gerechtigkeit, die durch Jesus Christus gewirkt wird, zur Herrlichkeit und zum Lobpreis Gottes" (Phil 1,10b-11). Durch Jesus Christus dient unser gerechtes Handeln „zur Herrlichkeit und zum Lobpreis Gottes". Die Reformatoren hatten recht: Vor unserer Errettung haben unsere Taten keinerlei Wert vor Gott. Doch sie hätten auch betonen sollen, dass wir uns nach unserer Bekehrung Gott hingeben können, und dieses Opfer wird zum „lebendigen, heiligen, Gott wohlgefälligen Opfer, was euer vernünftiger Gottesdienst ist" (Röm 12,1b).

Gott ist besonders erfreut, wenn er seinen Sohn in uns sieht. Deshalb sollten unsere Taten nach unserer Bekehrung nicht mehr fleischlich, sondern geistlich sein. Jesus lehrte: „Bleibt in mir und ich in euch. Wie die Rebe nicht von sich selbst Frucht bringen kann, sie bleibe denn am Weinstock, so auch ihr nicht, ihr bleibt denn in mir. ... denn getrennt von mir könnt ihr nichts tun" (Joh 15,4-5). Offensichtlich können wir vieles ohne Jesus tun, aber nichts, das wirklich Bestand hat.

Jesus ruft uns auf, bleibende Frucht zu tragen. Obwohl Früchte normalerweise schnell verderben, gibt es ewige Frucht. Sie ist eine Frucht des Geistes, das übernatürliche Werk des Heiligen Geistes in unserem Leben. *Die Werke, die vor Gott am angenehmsten sind, sind diejenigen, die in der Überzeugung getan werden, dass wir keinen Wert haben außer in Christus.*

Die guten Werke, nach denen Jesus Ausschau hält, haben einige gemeinsame Eigenschaften: Bereitschaft zum Opfer, freudiger Glaube und der Entschluss zum Durchhalten, wie Mose es tat. „Ohne Glauben aber ist es unmöglich, ihm wohlzugefallen; denn wer Gott naht, muss glauben, dass er ist und denen, die ihn suchen, ein Belohner sein wird" (Hebr 11,6). Und der Grund des Ganzen ist natürlich die Liebe zu Gott, die Bereitschaft zum Dienst und das Wissen, dass alles, was uns der Vater gibt, uns zum Besten dient. Ja, es stimmt, dass Gott nach den Werken Ausschau hält, die er selbst in uns getan hat!

Hier sind nun die Werke, die besonders hervorgehoben sind, die Werke, welche die Verheißung der „großen Belohnung" haben (Hebr 10,35).

Worauf Jesus achtet

Ungerechtigkeit freudig ertragen

Jesus sprach ganz offen über den Lohn, den die Jünger erhalten, die um seinetwillen Unrecht ertragen: „Glückselig seid ihr, wenn sie euch schmähen und verfolgen und alles Böse lügnerisch gegen euch reden werden um meinetwillen. Freut euch und frohlockt, denn euer Lohn ist groß in den Himmeln, denn ebenso haben sie die Propheten verfolgt, die vor euch waren" (Mt 5,11-12). Wenn Sie wegen Ihres Glaubens an Christus Ihre Arbeitsstelle verlieren, wenn Sie von Vergünstigungen am Arbeitsplatz ausgeschlossen werden, wenn Sie bei den Gehaltserhöhungen übergangen werden, weil Ihre Überzeugung Ihnen keine Unehrlichkeit erlaubt – dann freuen Sie sich, denn Ihr Lohn im Himmel ist riesig!

Ein Freund von mir, Arzt von Beruf, sagt, dass er als Unruhestifter verschrien ist, weil er seine Krankenhausverwaltung zur Ehrlichkeit mahnt. Sogar Mitchristen sind der Ansicht, dass er keinen Wirbel machen solle, weil dann jeder davon betroffen ist. Doch er ist ein Christ mit klaren Maßstäben, deshalb kann er sich nicht zufriedengeben, ehe er nicht alles getan hat, um die Verwaltung dazu zu bringen, nach seinen Vorgaben zu handeln.

Der Verfasser des Hebräerbriefes warnte seine Leser, dass sie Verlierer sein würden, wenn sie dem Leiden um

Christi willen ausweichen würden. „Werft nun eure Zuversicht nicht weg, die eine große Belohnung hat" (Hebr 10,35). Die tiefe Überzeugung, dass Gott sie durch Leiden erprobt, sollte ihnen Mut machen, auch dann noch treu zu bleiben, wenn sie enteignet und wegen ihres Glaubens verfolgt würden. Das Wissen um die „große Belohnung" sollte ihnen allen nötigen Ansporn geben.

Petrus schrieb: „Denn das ist Gnade, wenn jemand um des Gewissens vor Gott willen Leiden erträgt, indem er Unrecht leidet" (1Petr 2,19). Unser Kreuz sind einfach die Probleme, die wir nicht hätten, wären wir keine Christen. Lassen Sie uns solche Schwierigkeiten im Namen Jesu annehmen und uns darüber freuen! Gott beobachtet uns.

Finanzielle Großzügigkeit

Jesus sprach wiederholt davon, dass unser Verhältnis zum Geld eine Prüfung dafür ist, wem wir wirklich gehören. Er sagte sogar, dass wir gar nicht daran denken sollten, dass wir wichtige geistliche Aufgaben erhalten, wenn er uns den Mammon der Ungerechtigkeit nicht anvertrauen kann. Er tadelte die Pharisäer für ihre Geldgier und sagte dann: „Denn was unter den Menschen hoch ist, ist ein Gräuel vor Gott" (Lk 16,15).

Hier nun seine bekannte Verheißung:

Sammelt euch nicht Schätze auf der Erde, wo Motte und Rost zerstören und wo Diebe durchgraben und stehlen; sammelt euch aber Schätze im Himmel, wo weder Motte noch Rost zerstören und wo Diebe nicht durchgraben noch stehlen; denn wo dein Schatz ist, da wird auch dein Herz sein. (Mt 6,19-21)

In unseren Gemeinden achten wir sorgfältig darauf, nicht bekannt werden zu lassen, in welcher Höhe einzelne Leute spenden. Spenden sind Vertrauenssache. Dafür gibt es zwei Gründe. Einer ist, dass wir im Geheimen geben können, damit wir offen belohnt werden. Der andere ist, dass wir nicht versucht sind, diejenigen, die viel spenden, respektvoller zu behandeln als die anderen. Doch der wirkliche Grund könnte auch sein, dass wir so wenig geben, dass wir beschämt wären, wenn jeder wüsste, wie wenig wir geben. Doch wenn das, was verborgen ist, enthüllt wird, dann kommt der Tag, an dem unser Konto sorgfältig geprüft wird.

Doch wäre es ein Fehler zu denken, dass wir nur aufgrund dessen gerichtet werden, was wir der Gemeinde, den Armen und der Mission gespendet haben. Wir dürfen nicht vergessen, dass unser gesamtes Geld Gott gehört. Das bedeutet, dass wir für alles verantwortlich sind, was wir für unseren eigenen Lebenunterhalt ausgegeben haben, was wir investieren oder was wir geerbt haben. Selig ist das Kind, das in das Angesicht seines himmlischen Vaters schaut und um Weisheit bittet, alle seine Gaben zur Ehre Gottes zu benutzen. (Weil das Thema „Geld" von Jesus so häufig angesprochen wurde, werden wir Strategien zur Geldanlage im nächsten Kapitel ansprechen.)

Gastfreundschaft

Stellen Sie sich vor, Jesus hätte vor, Ihre Gemeinde zu besuchen, und der Pastor würde nach einer Bleibe für ihn suchen. Stellen Sie sich die eifrigen Christen vor, wie sie Schlange stehen würden in der Hoffnung, dass er in ihr Haus kommt!

Eines Tages wird Jesus in der Tat Christen in sein Reich einladen und sagen: „Denn mich hungerte, und ihr gabt mir zu essen; mich dürstete, und ihr gabt mir zu trinken; ich war Fremdling, und ihr nahmt mich auf; nackt, und ihr bekleidetet mich; ich war krank, und ihr besuchtet mich; ich war im Gefängnis, und ihr kamt zu mir" (Mt 25,35-36).

Und wenn sein Volk dann verwirrt ist, weil sie sich nicht daran erinnern, dies selbst getan zu haben, antwortet Jesus: „Wahrlich, ich sage euch, wenn ihr es einem der geringsten dieser meiner Brüder getan habt, habt ihr es mir getan" (V. 40). Wir können uns bereiterklären, Jesus zu Gast zu haben. Wir können ihn jeden Abend zu uns nach Hause einladen.

Und was bekommen wir dafür? Das hängt natürlich davon ab, in welcher Haltung wir Gastfreundschaft geübt haben. Jesus beschreibt die Freundlichkeit, die er in jedem Fall beachten wird:

Wenn du ein Mittags- oder ein Abendmahl machst, so lade nicht deine Freunde ein, noch deine Brüder, noch deine Verwandten, noch reiche Nachbarn, damit nicht etwa auch sie dich wiederladen und dir Vergeltung zuteil werde. Sondern wenn du ein Mahl machst, so lade Arme, Krüppel, Lahme, Blinde ein, und glückselig wirst du sein, weil sie nichts haben, um dir zu vergelten; denn es wird dir vergolten werden bei der Auferstehung der Gerechten. (Lk 14,12-14)

Jesus scheute sich nicht, Lohn als „Vergeltung" zu bezeichnen. Wenn Sie Jesus gefallen wollen, dann finden Sie die Armen, die Behinderten und Einsamen, und machen Sie ein Fest für sie. Ihnen wird dafür am Tag der Auferstehung „vergolten" werden.

Wenn Sie versucht sind, einen Propheten zu beneiden, weil Ihre eigenen Gaben verglichen damit unbedeutend sind, dann können Sie trotzdem des „Propheten Lohn" empfangen:

> *Wer euch aufnimmt, nimmt mich auf, und wer mich aufnimmt, nimmt den auf, der mich gesandt hat. Wer einen Propheten aufnimmt in eines Propheten Namen, wird eines Propheten Lohn empfangen; und wer einen Gerechten aufnimmt in eines Gerechten Namen, wird eines Gerechten Lohn empfangen.* (Mt 10,40-41)

Edwin Markam schrieb ein Gedicht über das Warten auf eine Verabredung mit Jesus:

> *Als der große Gast kam*
> *Warum, Herr, zögern deine Füße?*
> *Hast du vergessen, dass wir uns heute verabredet haben?*
> *Da hörte er in der Stille die sanfte Stimme*
> *Freue dich, denn ich habe Wort gehalten.*
> *Ich war der Bettler mit wehen Füßen*
> *Ich war die Frau, der du zu Essen gegeben hast*
> *Ich war das Straßenkind.*

Jesus hatte ein Kind bei sich als er sagte: „Und wenn jemand ein solches Kind aufnehmen wird in meinem Namen, nimmt er mich auf" (Mt 18,5).

Die geistlichen Übungen

Die Juden hatten drei geistliche Übungen, die sie regelmäßig betrieben: Almosen geben, beten und fasten. Jesus warnte davor, diese öffentlich zu üben, damit andere sie sehen. Denn diejenigen, die sie üben, um damit vor anderen Menschen besser dazustehen, „haben ihren Lohn dahin" (Mt 6,5).

- *Wenn du aber Almosen gibst, so soll deine Linke nicht wissen, was deine Rechte tut; damit dein Almosen im Verborgenen sei, und dein Vater, der im Verborgenen sieht, wird dir vergelten. (V. 3-4)*

- *Wenn du aber betest, so geh in deine Kammer, und nachdem du deine Tür geschlossen hast, bete zu deinem Vater, der im Verborgenen ist, und dein Vater, der im Verborgenen sieht, wird dir vergelten. (V. 6)*

- *Wenn du aber fastest, so salbe dein Haupt und wasche dein Gesicht, damit du nicht den Menschen als ein Fastender erscheinst, sondern deinem Vater, der im Verborgenen ist; und dein Vater, der im Verborgenen sieht, wird dir vergelten. (V. 17-18)*

Jesus lehrte, dass man in den Augen der Menschen Erfolg haben kann, aber in den Augen Gottes versagt. Wenn wir dienen, damit wir von Menschen gesehen werden, werden wir unseren Lohn von Menschen erhalten. Um Jesus zu zitieren, wir „haben [unseren] Lohn dahin". Wir werden nicht zweimal belohnt. Wenn wir in diesem Leben „gestreichelt" werden, dann sollten wir in der Zukunft keine Vergeltung erwarten. *Wir werden von dem belohnt, dessen Lob wir suchen.*

In der Tat, wenn wir übersehen werden oder unsere Arbeit für selbstverständlich gehalten wird, oder wenn das Lob für unser Handeln einem anderen zuteil wird, dann dürfen wir uns freuen, denn Gott gibt uns größeren Lohn. Wenn wir ohne Zeugen handeln, geschieht dies oft aus reineren Beweggründen, als wenn wir uns in der Öffentlichkeit bewegen. Selig sind, die viele gute Geheimnisse haben, die nur Gott kennt.

Natürlich wird nicht nur beurteilt, ob wir die christlichen geistlichen Übungen praktiziert haben. Wir werden auch dafür zur Rechenschaft gezogen, wie wir unser gesamtes Leben geführt haben. All unsere Zeit, all unsere Talente, all unsere Schätze gehören Gott.

Der Berufung treu sein

Es ist eine schmerzliche Tatsache, dass viele Leute nie den richtigen Ausgleich zwischen ihren Fähigkeiten und den Ansprüchen ihrer Arbeit finden. Viele – vielleicht sogar die überwiegende Zahl der Arbeitenden – mögen ihre Aufgabe nicht. Doch da sie Geld verdienen müssen, sind sie gezwungen, Arbeiten anzunehmen, die ihnen nur Langeweile, Frustrationen und Konflikte bringen. Viele werden auch unterbezahlt.

Setzen Sie sich in Gedanken einmal in eine Zeitmaschine und lassen Sie sich zweitausend Jahre zurückversetzen und stellen Sie sich vor, sie wären einer der 60 Millionen Sklaven des römischen Reiches. Sie haben keine Rechte, keine Chance, im Beruf aufzusteigen, keine Möglichkeit, ein Arbeitsgericht anzurufen. An solche Menschen schrieb Paulus, dass sie ihren Herren dienen sollten, wie sie Christus dienen würden.

Ihr Sklaven, gehorcht in allem euren Herren nach dem Fleisch, nicht in Augendienerei, als Menschengefällige, sondern in Einfalt des Herzens, den Herrn

*fürchtend. Was ihr auch tut, arbeitet von Herzen
als dem Herrn und nicht den Menschen, da ihr
wisst, dass ihr vom Herrn als Vergeltung das Erbe
empfangen werdet, ihr dient dem Herrn Christus.*
(Kol 3,22-24)

Paulus ignoriert hier nicht die Probleme der Sklaven. Er
ermahnt ihre Herren, fair zu sein, und er weiß, dass die
einzige Art, wie man zu seiner Zeit die Sklaverei be-
kämpfen konnte, darin bestand, das Evangelium zu predigen. Das Evangelium würde dafür sorgen, dass sich
sowohl Herr als auch Sklave veränderten, so dass sie sich
gegenseitig respektieren und gerecht behandeln könnten. Doch auch wenn solche Umstände nicht vorliegen,
ermahnt Paulus die Sklaven, ihren Herren zu dienen, als
ob sie Jesus dienten, weil Jesus sie dafür belohnen würde.
Der Herr würde schon dafür sorgen, dass sie den Lohn
erhielten, den ihre Herren ihnen vorenthielten, und dass
ihnen die Misshandlungen angerechnet würden, die sie
ertragen mußten – und noch mehr!

In der Welt hängt Größe davon ab, wie viele Men-
schen man beherrscht – es geht ausschließlich um Macht.
Im Reich Gottes dagegen ermisst sich die Größe eines
Menschen danach, wie vielen Menschen man dient.
Demut ist ein Ehrenabzeichen. Ja, Jesus selbst wurde
erhöht, weil er nicht kam, um sich dienen zu lassen, son-
dern um zu dienen und sein Leben für uns hinzugeben.
„Er erniedrigte sich selbst und wurde gehorsam bis zum
Tod, ja zum Tod am Kreuz. *Deshalb* hat Gott ihn auch
hoch erhoben" (Phil 2,8-9, Hervorhebung vom Autor).

Ironischerweise sollten Sie, wenn Sie zur Rechten
Christi herrschen wollen, nicht versuchen, eine hohe
Position zu erstreben und diese als Sprungbrett für noch

besseres zu benutzen. Finden sie statt dessen die niedrigste Position, wird Gott ihnen vielleicht eine höhere Position genehmigen. „Demütigt euch nun unter die mächtige Hand Gottes, damit er euch erhöhe zur rechten Zeit" (1Petr 5,6).

Selig sind, die einen anderen Herrn bekommen, ohne ihren Arbeitsplatz zu wechseln! Wenn wir uns vorstellen, dass wir unseren Lohnzettel von Jesus und nicht von unserem Arbeitgeber bekommen, dann werden wir unsere Arbeit ganz anders angehen. Und eines Tages werden wir großzügig belohnt. Gott wird uns nicht nur dafür beurteilen, wie wir unsere Bibelgruppe geleitet haben, sondern auch dafür, wie wir am Montagmorgen unsere Arbeit getan haben.

Diener sein ist, wie wir in einem späteren Kapitel lernen werden, der Grundstein für wahre Größe. Ja, noch besser, dienen *ist* Größe!

Die Unliebsamen lieben

Jesus lehrte, dass zwischen der göttlichen und der menschlichen Liebe ein großer Unterschied besteht. Menschliche Liebe hängt von dem ab, den wir lieben. Wenn du meinen Ansprüchen entsprichst, wenn ich dich anziehend finde, wenn unsere Persönlichkeiten miteinander harmonieren, dann liebe ich dich. Verständlicherweise ändert sich menschliche Liebe. „Du bist nicht mehr die Frau, die ich geheiratet habe", schreit ein Mann, als er nach dem Grund für die Scheidung gefragt wird.

Im Gegensatz dazu hängt göttliche Liebe von dem ab, der liebt. Göttliche Liebe sagt: Ich kann dich auch noch lieben, wenn du mich nicht mehr liebst. Göttliche Liebe gründet auf einer Entscheidung, die auch dann noch gültig bleibt, wenn der Geliebte sich ändert. Göttliche Liebe sagt: „Du kannst mich nicht davon abhalten, dich zu lieben."

Lesen Sie in diesem Zusammenhang einmal Jesu Worte: „Aber euch, die ihr hört, sage ich: Liebt eure Feinde; tut wohl denen, die euch hassen; segnet, die euch fluchen; betet für die, welche euch beleidigen" (Lk 6,27-28). Diese Art der Liebe kann selbst den Feind lieben. Und wenn wir wissen wollen, ob solche harte Liebe sich wirklich lohnt, so fährt Jesus fort: „Doch liebt eure Feinde, und tut Gutes und leiht, ohne etwas wieder zu erhoffen, und euer Lohn wird groß sein, und ihr werdet Söhne des Höchsten sein; denn er ist gütig gegen die Undankbaren und Bösen" (V. 35). *Der Lohn wird groß sein!*

So oft beten wir: „Gott, mach uns dir ähnlich." Wir wollen wie Gott sein. Dann schickt uns Gott einen schwierigen Menschen – vielleicht einen streitbaren Kollegen, und wir beklagen uns. Wir wollen, dass Gott diesen Dorn wegnimmt. Doch solche Anfechtungen werden uns geschickt, damit wir Gott ähnlicher werden!

Sie haben es selbst von Jesus gehört: „Euer Lohn wird groß sein!"

Reine Lehre

In einem Brief des Apostels Johannes an eine Gemeinde, die auch „auserwählte Herrin" genannt wurde (2Jo 1) warnte er die Gläubigen vor vielen Irrlehrern, die in der Gemeinde großen Schaden anrichten würden. Er sagte, es gäbe viele Betrüger, die leugnen, dass Jesus Christus Mensch geworden ist. Solche Leute waren in Wirklichkeit Antichristen.

Die Gläubigen sollten auf die zerstörerischen Auswirkungen achten, die sich aus Kompromissen mit diesen Irrlehren ergeben. Wenn sie nicht darauf achten würden, würden sie etwas von ihrem Lohn verlieren: „Seht auf euch selbst, damit ihr nicht verliert, was wir erarbeitet haben, sondern vollen Lohn empfangt" (V. 8). Man beachte, dass sie, wenn sie hier versagen, nicht den gesamten Lohn verlieren, sondern nur den „vollen Lohn."

Sicherlich werden diejenigen, welche die Lehre des Glaubens nicht bewahren, gezüchtigt und verlieren ihren „vollen Lohn." Wer jedoch gesunde Lehre verbreitet, wird am Tag des Gerichts den vollständigeren Lohn empfangen.

In Menschen investieren

Nur Menschen können die Lücke zwischen der Zeit und der Ewigkeit überwinden. Paulus schreibt: „Denn wer ist unsere Hoffnung oder Freude oder Ruhmeskranz – nicht auch ihr? – vor unserem Herrn Jesus bei seiner Ankunft?" (1Thes 2,19). Gottes Volk ist Gottes liebster Besitz. Wer die Menschen liebt, die Gott gehören, und in ihr geistliches Wohlergehen investiert, wird Gottes besondere Beachtung finden. Wenn wir unsere Gaben zum Nutzen des Leibes einsetzen, verdienen wir uns ewigen Lohn.

Wenn wir in das Leben anderer Menschen investieren sieht das sicher bei jedem anders aus, weil wir unterschiedliche Gaben und Gelegenheiten haben. Einige säen, andere gießen, noch andere ernten, doch werden alle dafür ordentlich belohnt. Diese Worte, die wir schon einmal zitiert haben, verdienen es, hier wiederholt zu werden:

Ich habe gepflanzt, Apollos hat begossen, Gott aber hat das Wachstum gegeben. So ist weder der da pflanzt, etwas, noch der da begießt, sondern Gott, der das Wachstum gibt. Der aber pflanzt und der begießt, sind eins; jeder aber wird seinen eigenen Lohn empfangen nach seiner eigenen Arbeit. (1Kor 3,6-8)

Bitte übersehen Sie nicht die letzte Zeile: „Jeder aber wird seinen eigenen Lohn empfangen nach seiner eigenen Arbeit." Es gibt eine besondere Beziehung zwischen den Gelegenheiten, die ich ergreife und dem Lohn, den ich erhalte.

Auf die Wiederkunft Jesu warten

Jesus hat immer wieder betont, dass weise Knechte auf die Ankunft ihres Herrn warten. Er sagt:

Es seien eure Lenden umgürtet und die Lampen brennend; und ihr seid Menschen gleich, die auf ihren Herrn warten, wann er aufbrechen mag von der Hochzeit, damit, wenn er kommt und anklopft, sie ihm sogleich aufmachen. Glückselig jene Knechte, die der Herr, wenn er kommt, wachend finden wird! Wahrlich, ich sage euch: Er wird sich umgürten und sie sich zu Tisch legen lassen und wird herzutreten und sie bedienen. Und wenn er in der zweiten Wache kommt und findet sie so – glückselig sind jene! (Lk 12,35-38)

Wir bewundern den Apostel Paulus für sein Durchhaltevermögen bei der Predigt des Evangeliums. Wir wünschen uns seine Offenbarungen und Gelegenheiten. Doch wir haben die Gelegenheit, genauso belohnt zu werden wie er. Kurz vor seinem Todes konnte er zurückschauen und sagen: „Ich habe den guten Kampf gekämpft, ich habe den Lauf vollendet, ich habe den Glauben bewahrt" (2Tim 4,7). Er erwartete den „Siegeskranz der Gerechtigkeit, den der Herr, der gerechte Richter, mir zur Vergeltung geben wird an jenem Tag: nicht allein aber mir, sondern auch allen, die seine Erscheinung lieben" (V. 8).

Was immer wir uns auch unter dem „Siegeskranz der Gerechtigkeit" vorstellen mögen, wir können ihn auch bekommen! Wenn wir seine Erscheinung lieben, dann werden wir im Himmel besonders herzlich willkommen geheißen.

Als der Solist George Beverley Shea gefragt wurde, in welcher Situation er sich befinden möchte, wenn Jesus wiederkommt, antwortete er: „Bei meinem reinsten Ton!" Wir sollten bereit sein, das Lamm zu ehren, wenn es wiederkommt.

Leiden annehmen

Als ich einmal an der Westküste meinen Dienst tat, traf ich einen Mann, dessen Frau eine seltene Form der Lähmung hatte. Er mußte ständig für sie sorgen, denn sie war an den Rollstuhl gefesselt. Schlimmer als die körperlichen Beschränkungen waren jedoch ihr geistiger und gefühlsmäßiger Zustand. Immer war sie unzufrieden und hatte häufig Wutanfälle. Wenn sie zur Kirche gingen, benahm sie sich freundlich, doch auf dem Heimweg kritisierte sie alles, von seinen Gesprächen mit den Leuten bis hin zu seinem Fahrstil. „Ich bekomme weder

Dank, noch freundliche Worte, und wir haben auch kein Zusammengehörigkeitsgefühl", sagte er mir.

Ich war von seiner Geschichte so bewegt, dass ich ihm sagte: „Ich erwarte nicht, Sie im Himmel wiederzusehen!" Er war etwas schockiert über diese Antwort, doch ich fuhr gleich fort: „Sie werden so nah am Thron stehen, und ich so weit weg, dass ich sie dort nicht wiedertreffen werde." Und ich meinte es ernst. Es gibt einige Menschen, die Gott zu einem besonderen Leiden beruft. Ihre Treue hat eine große Belohnung.

Wenn Jesus wiederkommt, möchten alle gerne etwas haben, das wir ihm bringen können. Petrus schrieb: „Damit die Bewährung eures Glaubens viel kostbarer erfunden wird als die des vergänglichen Goldes, das aber durch Feuer erprobt wird, zu Lob und Herrlichkeit und Ehre in der Offenbarung Jesu Christi" (1Petr 1,7). Anfechtungen werden uns geschickt, damit wir einen Glauben entwickeln, der Jesus wertvoll ist. Dieser Glaube wird, auch wenn er eine Gabe Gottes an uns ist, doch als Lob und Ehre Jesu erfunden werden.

Natürlich, wenn ich treu bin, werde ich dieselbe Möglichkeit haben, „nahe beim Thron" zu sein, wie ich das genannt habe. Weiter gibt es viele Wege, um Lohn zu erhalten. Wir haben ja schon mehr Werke des Glaubens aufgeführt, als je einer von uns ständig tun kann. Wir werden nicht für die Werke getadelt, die wir nicht vollbringen können, doch wird uns zweifellos gezeigt werden, wie unser Leben hätte verlaufen können, wenn wir es ganz in Treue zu Jesus geführt hätten. Wir dürfen uns freuen: „Denn Gott ist nicht ungerecht, eures Werkes zu vergessen und der Liebe, die ihr gegen seinen Namen bewiesen habt, indem ihr den Heiligen gedient habt und dient" (Hebr 6,10).

Wir wissen nicht alles, was wir gerne über den Lohn wissen würden. Wir können einfach nicht verstehen, wie Jesus die guten Taten gegen die wertlosen abwägen wird. Wir müssen uns mit dem Wissen zufrieden geben, dass Jesus gerecht und großzügig sein wird. Was immer er tut, wird richtig sein, und niemand wird sein Urteil in Frage stellen. Er wird gründlich zwischen Vergänglichem und Unvergänglichem unterscheiden.

Als Will Houghton, der ehemalige Leiter des Moody Bible Institutes im Jahr 1934 von der Ermordung von John und Betty Stamm in China hörte, schrieb er diese Worte:

So ist das Leben. Die Welt mit ihrem Vergnügen, ihren Kämpfen und Tränen – ein Lächeln, ein Stirnrunzeln, ein Seufzer, Freundschaft so echt und Liebe zu Angehörigen und Nächsten? Manchmal ist es schwierig zu leben, immer aber schwierig zu sterben!

Die Welt bewegt sich für die Lebenden so schnell. Diejenigen, die gehen, werden ersetzt, und jeder träumt davon, dass er bleibt. Wie schnell geschieht es doch, dass ein Gesicht fehlt!

Hilf mir, den Wert dieser Stunden zu erkennen. Hilf mir, zu erkennen, wie töricht alle Zeitverschwendung ist. Hilf mir, dem Christus zu vertrauen, der all meine Sorgen getragen hat, und mich so im Leben und im Sterben dir anzuvertrauen.

Wenn wir doch einen Blick in den Himmel erhaschen könnten, dann würden wir uns anstrengen, um das beste aus den Gelegenheiten zu machen, die sich uns bieten. Unser Leben, sagt Jakobus, ist „ein Dampf, der eine kleine Zeit sichtbar ist und dann verschwindet" (Jak 4,14). Es gibt viel, das uns auf der anderen Seite erwartet.

Und nun wenden wir uns dem einen Thema zu, das Jesus wiederholt angesprochen hat, einem schwierigen Thema, das uns die Möglichkeit zu großem Versagen und zu großem Lohn bietet. Lesen Sie weiter.

KAPITEL 6

Etwas mitnehmen

Sie können das „System mit den eigenen Waffen schlagen!"

Vielleicht haben sie von dem Arbeitgeber gehört, der einen seiner Verwaltungschefs feuerte, weil dieser Geld veruntreut hatte. Der Manager war ziemlich fertig und wusste nicht mehr, wovon er jetzt leben sollte. Er war nicht kräftig genug, um körperliche Arbeit zu leisten, und er war zu stolz, um seinen Unterhalt zu erbetteln. Er kannte niemanden, der ihm Arbeit geben würde, die seine Fähigkeiten und Bedürfnisse berücksichtigen würde.

Da hatte er eine Idee. Wenn er drang[ing und sich Freunde machte, vielleicht würden die ihm dann Arbeit geben oder wenigstens eine Bleibe für die nächsten paar Wochen. Wenn er von Geld sprechen würde, würden sie vielleicht zuhören.

Ehe er seinen Schreibtisch räumte, rief er ein paar Kunden seines Arbeitgebers an und machte ihnen einen Vorschlag: Er würde ihre Verträge neu verhandeln, so dass sie seinem Arbeitgeber weniger zu zahlen hätten, als eigentlich geplant. Wenn sie z. B. 100 Sack Weizen schuldeten, so senkte er die Schuld auf 50; der Mann, der ein Fass Öl schuldete, brauchte nur noch ein halbes zurückzugeben. Man braucht es kaum zu erwähnen, die Kunden waren begeistert.

Als sein Vorgesetzter diese Masche durchschaute, war er zornig, doch musste er anerkennen, dass sein Verwaltungschef schlau war. Wenn er das Geld gestohlen hätte, hätte man ihn ins Gefängnis bringen können. Aber er stahl es nicht, er „verschenkte" es nur. Er war schlau genug, sein Geld zu benutzen, um Freunde zu gewinnen, damit er nach seiner Entlassung ein paar Leute kennen würde, die ihm etwas Gutes tun würden.

Vielleicht erkennen Sie in dieser Geschichte eines der Gleichnisse Jesu, die er erzählt hat, um uns zu zeigen, wie wir unser Geld weise einsetzen können. Er empfiehlt hier sicherlich nicht die moralischen Grundsätze dieses Mannes (er nennt ihn den „ungerechten Verwalter"), doch er lobt ihn für seine Schlauheit. Und dann fügt er hinzu: „Denn die Söhne dieser Welt sind klüger als die Söhne des Lichts gegen ihr eigenes Geschlecht. Und ich sage euch: Macht euch Freunde mit dem ungerechten Mammon, damit, wenn er zu Ende geht, man euch aufnehme in die ewigen Zelte" (Lk 16,8-9).

Dieses Kapitel handelt nicht vom Geben, sondern vom Investieren. Wenn wir unser Geld weise anlegen, können wir „das System mit den eigenen Waffen schlagen." Wir können etwas „mitnehmen", und zwar mit guten Zinsen. Dieses Kapitel gibt mehr als jedes andere eindeutige Anweisungen, wie man sicher gehen kann, dass im Himmel eine Belohnung auf uns wartet. Wenn Sie ein weiser Investor sind, dann hören Sie aufmerksam zu.

Prinzipien vernünftiger Finanzverwaltung

Wir brauchen eine Philosophie des Geldes, eine Gelegenheit, einen Schritt zurückzutreten und das Geld einmal von Gottes Standpunkt aus zu betrachten. Wenn wir das getan haben, werden wir Reichtum nie wieder auf dieselbe Weise sehen. Wir werden entdecken, dass Geld den Abgrund zwischen diesem und dem nächsten Leben überqueren kann.

Hier sind fünf Prinzipien vernünftiger Finanzverwaltung. Je eher wir sie verinnerlichen, desto produktiver werden wir in diesem Leben sein und desto größer ist unser Lohn im nächsten Leben.

Geld ist Leihgabe, nicht Eigentum

Tausende von Christen verwalten ihr Geld nicht richtig, weil sie es durch eine verzerrte Linse betrachten. Sie sind der Ansicht, dass das Geld, das sie in den Klingelbeutel stecken, Gott gehört, doch dass sie das Recht haben, den Rest so auszugeben, wie es ihnen gefällt. Und wegen dieses Missverständnisses kann Gott sie nicht so recht segnen. Der Verwalter im Gleichnis Jesu besaß nichts, aber er hatte doch alles unter sich. Er wusste auch, dass er beobachtet wurde und dass er für alle seine Handlungen mit dem ihm Anvertrauten zur Verantwortung gezogen werden würde.

Jesus hat schlicht und einfach gesagt, dass das Geld nicht uns gehört. „Und wenn ihr mit dem Fremden nicht treu gewesen seid, wer wird euch das Eure geben?" (Lk 16,12). Unser Geld gehört „dem Fremden". Ein Teil unseres Verdienstes ist schon als Steuer dem Staat zu geben, ehe wir das Geld überhaupt zu sehen bekommen. Wir müssen Rechnungen bezahlen, und Gläubiger erinnern uns daran, dass ein Teil unseres Geldes ihnen gehört. Unser Geld gehört „dem Fremden".

Und selbst wenn wir etwas davon sparen können, dann kann es sein, dass wir es in einer Wirtschaftskrise verlieren, und dann wird es ganz sicher einem andern gehören. Und wenn *uns* nicht das Geld genommen wird, dann werden *wir* dem Geld genommen werden. Es gehörte nie uns, um es zu behalten. Gott leiht es uns, und er wird es zurückbekommen.

Der erste Schritt, um Gottes Segen zu erhalten, besteht darin, dass wir bewusst anerkennen, dass er Eigentümer all unseren Besitzes ist. Wir müssen ihn zum Herrn über unser Konto, über unsere Aktien und andere Geldanlagen machen. Ja, und auch zum Herrn über unsere Rente, bzw. die Vorsorge, die wir dafür treffen. Dann müssen wir um Weisheit bitten, damit wir all dies nach seinen Prinzipien und Langzeitplänen verwalten können.

Ja, wir können sicherlich einige Ersparnisse behalten, aber wir werden Geld immer anders sehen, sobald wir erkennen, dass wir nichts davon besitzen, sondern es sich um eine Leihgabe handelt. Dann denken wir immer daran, dass wir für unseren Umgang mit Geld vor Gott verantwortlich sind.

Wenn Sie es noch nie getan haben, dann übergeben Sie bewusst ihr Geld, Ihre Immobilien und Ihren anderen Besitz in die Hände Gottes. Vertrauen Sie ihm, dass er Ihnen die Weisheit schenkt, damit Sie alles weise und vernünftig verwenden. Ein Bauer, dessen Ernte vom Hagel zerstört wurde, fühlte sich schuldig, bis er erkannte, wem die Ernte eigentlich gehört. Gott, erkannte er, hat das Recht, mit seinem Eigentum zu tun, was ihm beliebt.

Es ist in Gottes Händen besser aufgehoben als in unseren.

Geld sollte in bleibende Werte investiert werden

Während des Mittelalters versuchten die Alchemisten, eine Chemikalie zu finden, die Blei in Gold umwandeln würde. Die Absicht war es, gewöhnliches Metall in etwas Wertvolleres zu verwandeln. Auf andere Weise tun wir das ständig, denn wir tauschen Geld in etwas anderes um. Dieser Prozess heißt *Transmutation*.

So brauchte zum Beispiel erst gestern eine unserer Töchter ein Medikament. Deshalb ging ich auf die Bank, aber ich kam nicht nach Hause, um ihr das Geld zu essen zu geben, denn wenn ich das getan hätte, hätte sie sicherlich mehr als ein Medikament gebraucht! Ich habe das Geld zur Apotheke getragen und es dort gegen Medizin eingetauscht. Und ich bin auch hingegangen und habe noch eine Zeitung und Lebensmittel eingetauscht. Beides war Transmutation – es bedeutet, etwas einzutauschen.

Wenn Sie ein weiser Investor sind, dann werden Sie immer Wege finden, Ihr Geld für sicherere Investitionen einzutauschen. Wenn die Aktienkurse im Keller sind, dann kaufen Sie vielleicht Staatsanleihen; wenn die Inflation außer Kontrolle gerät, dann investieren Sie vielleicht in Edelmetall. Je weiser Sie sind, desto sorgfältiger werden Sie auf sichere Erträge hinarbeiten. Jesus lehrte uns, dass es noch bessere Investitionen gibt. Wir können unser Geld so transmutieren, dass es den Weg in den Himmel findet. Wir können unser Geld benützen, um Freunde zu gewinnen, die uns in den „ewigen Zelten" willkommen heißen.

Das kann auf indirekte Weise geschehen. Die Christen in Philippi spendeten für Paulus und seine Missionsreisen, und als er in Rom im Gefängnis saß, sandten sie ihm ein Geschenk, um ihm zu helfen. Paulus schrieb ihnen, um ihnen zu danken, doch er sagt nichts darüber, was *ihm* das Geschenk bedeutete, sondern, was es für *sie selbst* bedeutete. Er schreibt: „Nicht, dass ich die Gabe suche, sondern ich suche Frucht, die sich zugunsten eurer Rechnung mehrt" (Phil 4,17). Geben hilft nicht so sehr dem Empfänger wie dem Geber selbst, der sein Konto im Himmel auffüllt.

Wenn wir Missionare unterstützen, durch deren Dienst sich Menschen bekehren, wenn wir denen helfen, die das Wort verbreiten, dann fördern wir etwas ungeheuer Wertvolles. Doch diese Werte werden von einer niedrigeren Stufe aus erarbeitet. Wer hat im letzten Jahr 1000 DM für die Mission gegeben? Wer hat beschlossen, das Missionsehepaar zu unterstützen, das nach Haiti ausgereist ist? Wer immer es getan hat, hat das Geheimnis gelernt, wie man etwas von geringem Wert in etwas weitaus Höherwertiges verwandelt. Das ist Weisheit.

Es gibt eine Geschichte von einer europäische Prinzessin, die eine hingegebene Christin war und die von Gott den Auftrag erhielt, ein Waisenhaus für Straßenkinder zu gründen. Sie selbst hatte nicht viel Geld, aber sie erzählte ihrem Mann davon, dass sie ihren Schmuck verkaufen wolle, den er ihr geschenkt habe, damit sie den Waisen helfen könnte.

Natürlich war er nicht begeistert. „Magst du den Schmuck nicht?", fragte er. „Natürlich mag ich ihn", antwortete sie, „aber da sind die Waisenkinder, denen wir helfen könnten."

Schließlich gab er nach. Sie verkaufte den Schmuck für viele Tausend Mark und konnte ihr Waisenhaus bauen. Eines Tages kam sie zu ihrem Mann gelaufen. „Ich habe heute meine Juwelen wiedergefunden", sagte sie mit Tränen der Freude in den Augen. „Ich habe die Edelsteine wiedergefunden, die strahlenden, glücklichen Augen der Kinder, die von der Straße geholt worden sind. Ich habe meinen Schmuck wieder!"

Eine schlaue Frau! Sie hatte dem System ein Schnippchen geschlagen!

Unser ganzes Leben lang bekommen wir zu hören: „Du kannst einmal nichts mitnehmen!" Uns wird vermittelt, dass alles hier bleiben wird. Natürlich können wir weder Geld noch Schmuck mit in den Himmel nehmen, doch wenn wir sie in himmlische Werte umwandeln, dann können wir unser Geld im nächsten Leben wiedersehen. Die Prinzessin fand einen Weg, um ihren Schmuck mit in die Ewigkeit zu nehmen, sie konnte ihn bis in den Himmel bringen – für immer.

Luther würde diese Frau loben. Er sagte: „Ich habe vieles in meinen Händen gehabt, aber alles verloren. Aber was ich in Gottes Hände gelegt habe, das besitze ich noch." Wenn der Wert einer Investition sich aus dem Verhältnis zwischen Sicherheit und Gewinn errechnet, dann bringt es die besten Dividenden, in das Leben von Menschen, die ewig leben, zu investieren. Gott will nicht, dass wir geben, um ärmer zu werden, sondern wir sollen geben, damit wir reicher werden.

Spenden für Gottes Werk ist wie eine Investition in einen Fonds. Sie spenden für eine Reihe von Diensten, von denen jeder eine hohe Rendite in neuen Investitionen erzielt, die die Barriere zwischen Zeit und Ewigkeit, zwischen Erde und Himmel überwinden können. „Sammelt euch aber Schätze im Himmel, wo weder Motte noch Rost zerstören und wo Diebe nicht durchgraben noch stehlen" (Mt 6,20).

Natürlich können wir solche Investitionen auch direkter tätigen. Wir können Geld ausgeben, um unsere Freunde zum Essen einzuladen, um mit ihnen über das Evangelium zu sprechen. Wir können Bibeln und Bücher kaufen und sie in unserer Umgebung verteilen. Wir können Nachbarn in unsere Wohnung einladen.

Wir können auch den Armen helfen, Arbeitslosen

freundschaftlich beistehen und einer alten Frau über die Straße helfen. Wenn wir das für Jesus tun, werden wir unseren Lohn nicht verlieren, sondern er wird auf uns im Himmelreich warten.

Die Verwaltung des Geldes ist ein Prüfstein für höhere Verantwortung

Jesus stellt unsere Ansichten über Geld auf den Kopf.

Er sagt: „Wer im Geringsten treu ist, ist auch in vielem treu, und wer im Geringsten ungerecht ist, ist auch in vielem ungerecht. Wenn ihr nun mit dem ungerechten Mammon nicht treu gewesen seid, wer wird euch das Wahrhaftige anvertrauen?" (Lk 16,10-11).

Zunächst einmal nennt er Geld „das Geringste." Wenn wir aber etwas von der Welt verstehen, dann wissen wir, dass Geld dort etwas „sehr Wichtiges" ist! Geld ist die Lebensader der Wirtschaft, es liegt allem zugrunde. Menschen lügen für Geld, sie stehlen dafür, sie schmieden Komplotte, sie sterben sogar dafür.

Kürzlich hieß es in einer Schlagzeile: „Nicht um Liebe, sondern um Geld". Der Artikel fuhr fort: „Das romantische Ideal ‚lebe jetzt, zahle später' wird in England immer unmoderner." In dem Bericht heißt es weiter, dass immer mehr Leute als früher bei der Partnerwahl die finanzielle Sicherheit berücksichtigen. „Romantik reicht heute nicht mehr", heißt es. „Die Menschen wollen jemanden mit Geld heiraten."

Für uns ist Geld also nicht „das Geringste".

Zweitens nennt Jesus das Geld „ungerechten Mammon". Kein besonderes Kompliment, aber leider wahr. Schauen Sie sich nur an, was Leute für Geld alles tun!

Haddon Robinson, dessen Auslegung dieses Gleichnisses auch mein eigenes Denken verändert hat, weist darauf hin, dass Jesus nicht wie wir mit Worten herumspielt. Wir hören oft den Spruch: „Am Geld an sich ist nichts verkehrtes. Nur die *Liebe* dazu ist falsch." Doch Robinson merkt an, dass wir dieses Klischee als Ausrede benutzen, als praktische Ummäntelung unserer Gier. Nicht wahr, wir bemühen uns um Geld, wir kuscheln uns daran, wir träumen davon, wir machen Pläne, wir horten es – aber wir *lieben* es doch nicht!

Jesus läßt uns mit diesen Ausreden nicht durchkommen. Er nennt das Geld beim Namen, weil er weiß, was Menschen alles dafür tun. Er weiß von dem betrügerischen Geschäftsmann, von der Prostituierten, die ihren Körper verkauft, von der über dem Erbe zerstrittenen Familie. Er weiß, wie gierig wir sind, und dass „Gier ... Götzendienst ist" (Kol 3,5 Elb. Anm.).

Vergessen wir nicht, die drei Gegensätze herauszuarbeiten, die Jesus hier sieht:

- *Wenn wir im „Geringen" untreu sind, wie kann Gott uns im Jenseits etwas Größeres anvertrauen?*

- *Wenn wir beim verantwortlichen Gebrauch des „ungerechten Mammons" versagen, wie können wir für wert geachtet werden, die größeren Reichtümer des Reiches zu erhalten?*

- *Wenn wir missbrauchen, was „einem anderen gehört", wie kann Gott uns das Erbe anvertrauen, das er uns schenken will?*

Geld ist der Prüfstein um zu sehen, ob wir es wert sind, mit Jesus zu herrschen, ob wir in der Lage sind, die volle Verantwortung seiner Herrschaft und Herrlichkeit zu übernehmen. Wer die Weisheit hat, seine Mittel in bleibende Werte umzuwandeln, ist wirklich weise zu nennen. Denken Sie einmal nach: Viele von uns lassen Geld direkt von ihrem Konto abbuchen, um für ihr Alter vorzusorgen. Das hört sich vernünftig an, wenn wir daran denken, dass es ziemlich wahrscheinlich ist, dass wir mit Beginn des Rentenalters noch einige Zeit zu leben haben. Doch denken Sie auch daran, wie unverantwortlich es ist, nicht auf dieselbe Weise regelmäßig Geld zur Seite zu legen, um das Reich Gottes zu fördern, so dass wir viele Freunde haben werden, die uns in den „ewigen Zelten" empfangen werden!

Ich kenne Christen, die tun einen Zwanzig-Markschein in die Kollekte, wenn sie gerade so viel in ihrem Portemonnaie haben. Sie haben jedoch keinen Spendenplan, so wie sie einen Sparplan haben. Sie geben nicht so viel wie sie könnten, und wünschen sich dann, sie könnten mehr geben. Sie sind untreu, und ihre Stellung im Himmel wird das wiederspiegeln.

Wenn Gott uns nicht zutrauen kann, dass wir auf Erden sein Geld verwalten können, was bringt uns zu der Meinung, dass wir im Himmel fähige Verwalter sein werden? Habsucht auf Erden bedeutet, dass wir das Recht verwirken, in die Fülle dessen einzugehen, was im Himmel für uns vorbereitet ist. Und was wir nicht verwenden, werden wir verlieren, genauso, wie es dem untreuen Knecht erging, als der König wiederkam.

Geld ist uns nur anvertraut. Gott prüft uns, um zu erfahren, ob wir für die größere Verantwortung richtig vorbereitet sind, die im Himmel auf die Treuen wartet.

Geld muss unser Diener sein,
oder es schwingt sich zum Herrn auf

Jesus beendete sein Gleichnis, indem er sagte: „Kein Haussklave kann zwei Herren dienen; denn entweder wird er den einen hassen und den anderen lieben, oder er wird dem einen anhangen und den anderen verachten. Ihr könnt nicht Gott dienen und dem Mammon" (Lk 16,13).

Wir können nicht bei zwei Herren vollzeitigen Dienst tun. Wenn wir Gott von ganzem Herzen lieben, dann wird die verführerische Geldliebe verdrängt. Wir müssen deshalb darum kämpfen, Geld zu unserem Diener zu machen, und Gott bitten, dass er dessen Macht aus unserem Leben ausradiert. Doch selbst dann wird das Verlangen nach Geld wieder versuchen zu wachsen, denn Geld ist verführerisch und hinterhältig. Wir müssen John Wesley recht geben, wenn er sagt: „Ich beurteile den Wert von Dingen nach dem Preis, den sie in der Ewigkeit bringen."

Unsere Herzen können nicht zwei Herren treu sein.

Geld muss entweder für den Himmel umgewandelt
werden oder es ist für immer verloren

Die Pharisäer, denen Jesus dieses Gleichnis erzählte, waren wütend. Sie wollten mit dieser Masche nichts zu tun haben, „benutze dein Geld für Leute im Himmel." Wir lesen: „Dies alles hörten auch die Pharisäer, die geldliebend waren, und sie verhöhnten ihn" (Lk 16,14). Niemand, der Geld liebt, hört gerne, was Jesus hier zu sagen hatte.

Um sie zu überzeugen, dass Geld ihnen nicht mehr

helfen würde, wenn sie einmal tot sind, erzählte Jesus ihnen die Geschichte von einem „reichen Mann, der kleidete sich in Purpur und feine Leinwand und lebte alle Tage fröhlich und in Prunk. Ein Armer aber mit Namen Lazarus, lag an dessen Tor, voller Geschwüre" (V. 19-20). Unglaublich, wie im Jenseits ihre Rollen vertauscht waren: Lazarus wurde von den Engeln in den Schoß Abrahams getragen, während der Reiche in den Hades kam, wo er in Finsternis, Einsamkeit und Qual dahinvegetierte. Lazarus, der in seinem irdischen Leben so viel Misshandlung ertragen hatte, wurde nun getröstet, der Reiche dagegen musste leiden.

Jesus will hier nicht sagen, dass jemand gerettet wird, weil er arm ist. Er will hier sagen, dass Reichtum uns nicht helfen wird, wenn wir sterben. Wir können ihn nicht benutzen, um einen Anwalt zu bezahlen, der uns verteidigt, wir können ihn nicht verwenden, um uns eine Heimat im Himmel zu bauen oder einige leibliche Bequemlichkeiten zu erkaufen. Den Pharisäern, die ihr Geld liebten, sagte Jesus: „Reichtum ist trügerisch! Er kann nicht das bieten, was wirklich nötig ist!" Nur diejenigen, die ihr Kapital im Himmel anlegen, wissen, was wahre Werte sind.

Der Tag, an dem der Dollar stirbt

Deutschland lag in Trümmern.

Millionen Flüchtlinge wanderten durch die Straßen deutscher Städte, mitten zwischen dem Schutt ausgebombter Gebäude und zerstörter Straßen. Es sollte Jahre dauern, bis alles wieder aufgebaut sein würde. Niemand würde Hitler vergessen.

Williard Cantelon erzählt in seinem Buch „Der Tag

an dem der Dollar stirbt" die Geschichte von einer deutschen Mutter, die helfen wollte, in einem Vorort der zerstörten Stadt Frankfurt eine Bibelschule zu bauen. Sie hielt das Geld mit Stolz und einer Zärtlichkeit in der Hand, als ob es ihr Leben gelte. Sie hatte dieses Geld durch harte Arbeit verdient, und hatte es durch die Kriegswirren hindurch gerettet. Nun „wollte sie es einem würdigen Zweck zuführen und strahlte vor Stolz, als sie ihren Beitrag brachte."

Cantelon fährt fort: „Wie konnte ich ihr sagen, dass sie ihr Geld zu lange aufgehoben hatte? Warum musste es ausgerechnet mir zufallen, diese empfindsame Seele mit der Nachricht zu schockieren, dass ihr Geld wertlos war? Warum hatte sie nicht Zeitung gelesen, oder die Ankündigung gehört, dass die neue Regierung in Bonn diese Währung für ungültig erklärt hatte?"[1]

An diesem Sonntag im Juni 1948 beging eine erschreckende Anzahl Deutscher Selbstmord. Millionen hatten ihre Ersparnisse verloren, weil die alte Währung von der Regierung für ungültig erklärt worden war. Wenn sie nur ihr Geld für etwas eingetauscht hätten, das den Zusammenbruch der Währung hätte überleben können!

Wenn diese liebe Frau, die ich sicher nicht negativ darstellen möchte, ihr Geld früher gebracht hätte, dann hätte sie mithelfen können, finanziell für die Renovierung des Gebäudes oder für die Aufnahme von Schülern aufzukommen. Zu schlimm, dass sie die enttäuschenden Worte hören mußte: „Meine liebe Frau, es tut mir furchtbar leid, aber ich kann Ihr Geld nicht annehmen."

Eines Tages wird jedes Geld, jedes Stück Gold und jedes Schmuckstück seinen Wert verlieren, und zwar für immer. Petrus schrieb: „Es wird aber der Tag des Herrn kommen wie ein Dieb; an ihm werden die Himmel mit gewaltigem Geräusch vergehen, die Elemente aber werden im Brand aufgelöst und die Erde und die Werke auf ihr im Gericht erfunden werden" (2Petr 3,10).

Die Börse ist geschlossen. Alle Aktien, Wertpapiere, Obligationen, Sparkonten sind wertlos. Auch Häuser, Ferienwohnungen und Autos sind wertlos. Der weise Investor wird sein Geld an einem Ort anlegen, der für die längste Zeit die höchsten Dividenden bringt. Wir können weder Dollar, noch Krügerrands mitnehmen, es sei denn, wir verwandeln sie in etwas, das den Abgrund zwischen Himmel und Erde überwinden kann.

An der Wand einer Bahnhofsmission in New York stehen folgende Worte:

> *„Engel schauen aus ihren höheren Bereichen*
> *auf uns nieder und wundern sich sehr,*
> *dass wir dort, wo wir doch nur Durchgangsgäste*
> *sind,*
> *uns solche festen und soliden Nester bauen,*
> *doch dort, wo wir einmal für immer zu wohnen*
> *hoffen,*
> *wir uns kaum mühen, auch nur den Grundstein*
> *zu legen."*

Die Steine, die wir im Jenseits sammeln, werden bei der Entscheidung helfen, ob wir würdig sind, das Reich Gottes zu regieren. Wenn wir im „Geringen" treu sind, werden wir auch den wirklichen Reichtum treu verwalten. Wir werden zu denen gehören, die über Größeres gebieten.

Die Weisen nehmen alles mit.

KAPITEL 7

Laufen, um zu gewinnen

Es gibt eine Geschichte von einem frustrierten Basketballtrainer, Cotton Fitzsimmons, der eine Idee hatte, um seine Mannschaft zu motivieren. Vor dem Spiel hielt er ihnen eine kleine Rede über das Spielchen „so tun als ob." „Meine Herren, wenn ihr heute dort hinausgeht, dann sollten wir so tun, als ob wir den ersten Platz hätten und nicht den letzten. Statt uns in einer Verliererphase zu befinden tun wir so, als ob wir ständig gewinnen würden; und wir spielen nicht ein normales Spiel, sondern tun so, als ob es das Endspiel wäre!"

Damit ging die Mannschaft aufs Feld und wurde vom Gegner vernichtend geschlagen. Fitzsimmons regte sich darüber sehr auf. Doch einer aus der Mannschaft klopfte ihm auf den Rücken und sagte: „Freu dich! Wir tun so, als hätten wir gewonnen!"

Viele von uns scheinen das Rennen des Lebens zu gewinnen, doch vielleicht ist alles nur ein „so tun als ob". Wenn wir einst vor Jesus stehen, dann werden wir schnell den Unterschied zwischen einem echten Sieg und dem Wunschdenken erkennen. Wir werden erkennen, was gewinnen und was verlieren heißt. Wir werden entdecken, dass wir alles behalten, was wir erspielt haben.

Paulus liebte es, sportliche Wettkämpfe als Bild für das Leben des Christen zu benutzen. Der berühmte griechische Marathon und die Isthmischen Spiele in Korinth waren ihm stets vor Augen, um eine Vorstellung davon zu haben, wie man an einem Wettkampf teilnimmt, so dass es wirklich zählt. Wir sind alle an dem Wettkampf beteiligt, lehrte Paulus, und wir nehmen teil, um zu gewinnen.

> *Wisst ihr nicht, dass die, welche in der Rennbahn laufen, zwar alle laufen, aber einer den Preis empfängt? Lauft so, dass ihr ihn erlangt. Jeder aber, der kämpft, ist enthaltsam in allem; jene freilich, damit sie einen vergänglichen Siegeskranz empfangen, wir aber einen unvergänglichen. Ich laufe nun so, nicht wie ins Ungewisse; ich kämpfe so, nicht wie einer, der in die Luft schlägt; sondern ich zerschlage meinen Leib und knechte ihn, damit ich nicht, nachdem ich anderen gepredigt, selbst verwerflich werde.* (1Kor 9,24-27)

Wir sollten Paulus recht verstehen: *Was einen Athleten zum Gewinner macht, macht auch einen Christen zum Gewinner.* Wenn wir in unserem Wandel mit Gott so hingegeben sind, wie beim Golf oder beim Bowling, dann werden wir ein gutes geistliches Leben führen. Wir können das, was wir in der Tennisstunde lernen, nehmen, und es auf unser geistliches Leben übertragen. Denken Sie an all die Energie, die Zeit und das Geld, die man für den Sport einsetzt. Wenn wir diese Mittel in dem Rennen einsetzen würden, das wirklich zählt, wären wir alle Gewinner.

Unsere heutige Gesellschaft bringt keine Heiligen hervor. In unserer Kultur findet sich nichts, das uns anregt, die Kraft und das Durchhaltevermögen für einen Sieg für Christus zu haben. In der Tat, wir müssen uns an jeder Ecke vor Schlägen der Welt in Acht nehmen. Wir müssen auf Gott und sein Volk vertrauen, dass sie uns helfen, die Gewohnheiten zu entwickeln, die zum gottesfürchtigen Leben führen.

Wir sollten hier einen Vergleich starten.

Im alten Griechenland mußte man Bürger sein, um an den Spielen teilhaben zu können. Natürlich liefen nicht alle Bürger mit, aber wer mitlaufen wollte, musste beweisen, dass er Bürger Griechenlands war. Genauso muss man ein Bürger des Himmels sein, wenn man an dem Rennen teilnehmen will, von dem Paulus spricht.

Doch es gibt einen Unterschied: *Alle* Bürger des Himmels nehmen am Rennen teil. Das Rennen ist nicht freiwillig; es gibt keine andere Beschäftigung in der Zwischenzeit. Sie nehmen am Rennen nicht teil, um in den Himmel zu kommen, sondern um den Preis zu gewinnen. Das Rennen hat an dem Tag begonnen, an dem Sie Jesus als Ihren Retter annahmen.

Zweitens hat bei diesem Rennen jeder die Möglichkeit zu gewinnen, denn wir kämpfen nicht gegen andere, sondern gegen uns selbst. Wir werden von Gott individuell beurteilt. Die Frage, die hier entschieden wird, lautet, was wir mit dem getan haben, das Gott uns gegeben hat. So haben wir alle unsere ganz persönliche Ziellinie, unseren persönlichen Trainer und unsere persönliche Beurteilung zum Schluss.

Die Regeln des Wettkampfes

Einige Menschen mögen keinen Sport, weil sie den Misserfolg fürchten. Die Demütigung, als letzter ins Ziel zu kommen, ist denen, die die öffentliche Meinung fürchten, einfach zu viel. Aber furchtsam oder nicht, in diesem

Rennen stehen wir jeden Tag. Es ist für uns am besten, wenn wir unsere Ängste hinter uns lassen und so gut laufen, wie es eben geht. Ja, das ist ein Rennen, das Sie und ich gewinnen können.

Was sind nun die Regeln, die einen Spitzen-Athleten auszeichnen, und daher auch den „Spitzen"-Christen? Jeder von uns kann sie im täglichen Leben umsetzen.

Disziplin

Wenn Paulus von den Teilnehmern der Spiele spricht, dann benutzt er das Wort *agonizomai*, von dem das Englische Wort „agonize" – sich quälen – kommt. „Jeder, der sich in den Spielen quält ..." Sie und ich können sich kaum vorstellen, wie viele Stunden qualvollen Trainings nötig sind, um ein Spitzen-Athlet zu werden.

Fahren Sie einmal im August an einem Fußballplatz vorbei und schauen Sie sich an, wie sich die jungen Fußballer in der Sonne quälen. Sie schwitzen, ihre Gesichter sind verzerrt, weil sie sich selbst antreiben. Wenn sie dies täten, weil ihr Leben davon abhängt, dann könnten wir das verstehen. Was wir nicht so leicht verstehen, ist die Tatsache, dass sie das freiwillig tun. Und das alles für einen Pokal, der dann in einer Glasvitrine steht und in diesem Leben schon bald vergessen ist, und ganz bestimmt im Jenseits. Sie wollen freiwillig spielen, und sie quälen sich selbst, um zu gewinnen.

Athleten müssen das Schlechte und das Gute aufgeben, um das Beste zu erhalten. Sie dürfen nicht bis in die frühen Morgenstunden auf Parties rumhängen. Sie können sich nicht den Luxus persönlicher Vergnügen leisten, die ihre Fähigkeit zur Konzentration und zum Training beeinträchtigen. Jede Ablenkung muss vermieden werden. Von

Mike Singletary, einem berühmten Football-Spieler einer Mannschaft aus Chicago wird berichtet, dass er mit seiner Mannschaft trainiert, dann nach Hause geht und weiter trainiert. Spät nachts, wenn das Haus dann ruhig ist, sieht er sich Videos von Spielen der gegnerischen Mannschaft an, um herauszufinden, wie er sie besiegen kann.

Übertragen Sie das einmal auf das Leben eines Christen. Stellen Sie sich vor, wie sehr wir wachsen würden, wenn wir mit demselben Einsatz wie ein Sportler Schriftstellen auswendig lernten, beteten und unseren Gegner studieren würden. Denken Sie nur, was passieren würde, wenn wir unser geistliches Beurteilungsvermögen, unsere geistlichen Bedürfnisse und Muskeln so trainieren würden. Wir könnten die ganze Welt erobern.

Simson ist ein gutes Beispiel für jemanden, der seinen Leib nicht in Zucht hielt. Ganz offensichtlich brach er sein Nasiräer-Gelübde, als er das Aas berührte und von dem Honig kostete, der darin versteckt war. Er spielte mit der Versuchung und wurde von ihr schließlich überwältigt. Er war weit davon entfernt, seinen Leib zu unterwerfen, und er folgte seinen Begierden, wohin sie ihn auch führten.

Wir alle sind schon Menschen begegnet, die begabt sind und sogar Gott lieben, aber sie erreichen nur einen Bruchteil dessen, was sie für Gott tun könnten. Der Grund dafür ist, dass sie sich mit wenigem zufriedengeben. Sie nehmen am Rennen teil, aber sie wollen nicht den Preis bezahlen, um zu gewinnen.

Es gibt viele Arten, wie man im Leben als Christ straucheln kann. Doch alle fangen mit Disziplinlosigkeit an, dem bewussten Entschluss, den leichten Weg zu nehmen. Paulus sagt: „Ich züchtige und unterwerfe meinen Leib" (1Kor 9,27). Die Lüge lautet, dass der Leib nicht diszipliniert werden könnte, doch man kann ihn disziplinieren, insbesondere mit Hilfe des Heiligen Geistes, der uns Selbstbeherrschung schenkt.

Ich fordere Sie hier nicht auf, noch mehr Termine in ihren überfüllten Kalender zu quetschen, sondern die bisherigen Prioritäten, die Sie gesetzt haben, zu überdenken, und sie durch geistliche Übungen zu ersetzen. Wenn Sie jeden Tag zur Dialyse müssten, weil Ihre Nieren nicht mehr funktionierten, würden Sie sicher die Zeit dazu finden. Wir müssen unser Leben mit Gott mit derselben Bestimmtheit verfolgen, die auf nur ein Ziel gerichtet ist. Paulus sagt: „Das eine tue ich!" nicht: „Ich engagiere mich auf 40 Gebieten halbherzig."

Wenn Sie mit der Disziplin Schwierigkeiten haben, dann fangen Sie mit folgendem an:

- verbringen Sie jeden Morgen 20 Minuten im Gebet und mit Bibellesen, und zwar vor 9 Uhr.

- Lesen Sie jeden Tag ein Kapitel in einem guten christlichen Buch.

- Nehmen Sie Kontakt auf zu einer Gruppe von Gläubigen (Bibel- oder Gebetskreis), um Gemeinschaft und Korrektur im Glaubensleben zu haben.

- Lernen Sie, Ihren Glauben mitzuteilen, und nutzen Sie die Gelegenheiten, die Ihnen Gott dazu gibt.

Disziplin allein produziert noch kein Leben nach Gottes Willen. Wir werden nicht geistlicher, wenn wir „unter dem Gesetz" leben und uns auf unsere eigene Kraft verlassen, um Gottes Anerkennung zu finden. Statt dessen ist der Zweck der Disziplin, dass wir lernen, *unsere Kraft aus unserem Glauben an Jesus Christus zu beziehen.*

Wegweisung

Zwei verschiedene Sportarten helfen uns zu verstehen, was wir benötigen, um einen Wettkampf zu gewinnen: Laufen und Boxen. „Ich laufe nun so, nicht wie ins Ungewisse; ich kämpfe so, nicht wie einer, der in die Luft schlägt" (1Kor 9,26). Stellen Sie sich vor, der Schiedsrichter feuert den Startschuss zum Hundertmeter-Lauf ab und alle Läufer rennen in verschiedene Richtungen! Einer, der die Sonne gerne hat, läuft nach Westen, ein anderer liebt die Berge, und läuft nach Süden, ein dritter läuft Richtung Meer. Jeder läuft mit aller Kraft, aber keiner würde den Lauf gewinnen. Nur diejenigen, die in Richtung Ziellinie laufen, haben eine Chance, den Preis zu gewinnen.

Oder, sagt Paulus, man stelle sich einen Boxer vor. Wenn er nur in die Luft schlägt, ohne je seinen Gegner zu treffen, dann verschwendet er seine Energie. Wenn er ihn nicht trifft, ist es ganz gleichgültig, wie schnell oder mit wie viel Kraft er zuschlägt. Paulus wollte so nicht sein, er lief auf das Ziel zu und er boxte so, dass jeder Schlag zählte.

An anderer Stelle kehrt er zu dem Thema zurück, dass man das Ziel vor Augen behalten sollte und die Augen auf Christus gerichtet bleiben.

Nicht, dass ich es schon ergriffen habe oder schon vollendet sei; ich jage ihm aber nach, ob ich es auch ergreifen möge, weil ich auch von Christus Jesus ergriffen bin. ... Ich ... jage auf das Ziel zu, hin zu dem Kampfpreis der Berufung Gottes nach oben in Christus Jesus. (Phil 3,12-14)

Paulus sagt, er *müht* sich vorwärts dem Ziel entgegen und *ergreift*, was vor ihm liegt. Keine verschwendete

Energie, nichts, das ihn ablenkt. Er wird gewinnen, weil er die Ziellinie immer im Gedächtnis behält. Sein Ziel ist das, wonach er von ganzem Herzen strebt.

Da ich auf einem Bauernhof aufgewachsen bin, weiß ich, wie wichtig es ist, gerade Furchen zu pflügen, insbesondere, wenn man ein neues Feld zu pflügen beginnt. Um das zu erreichen, wählte sich mein Vater ein Ziel in einiger Entfernung und fuhr den Traktor genau darauf zu, indem er die Augen auf sein „Ziel" gerichtet hielt. Es gibt eine Geschichte, die vielleicht sogar wahr ist, von einem Bauern, der sein Ziel gewählt hatte und sorgfältig darauf zu arbeitete. Als er aber hinter sich schaute, sah er, dass die Furche schief und krumm war. Die Geschichte berichtet nun, dass er seinen Blick auf eine Krähe gerichtet hatte, und als sie über den Acker lief, folgte er ihren Bewegungen!

Das Ziel, das Sie wählen, wird bestimmen, wie gerade die Furchen Ihres Lebens verlaufen. Mancher hat eine krumme Furche gezogen, weil er ein vergängliches Ziel erwählt hat. „Ich möchte mit dreißig Millionär sein!" Derjenige, der dieses Ziel hatte, hat es zwar erreicht, aber er war schon mit sechsundzwanzig Jahren geschieden!

Mose hinterließ ein bleibendes Erbe, weil er ein ewiges Ziel ausgesucht hatte.

Durch Glauben weigerte sich Mose, als er groß geworden war, ein Sohn der Tochter Pharaos zu heißen, und zog es vor, lieber mit dem Volk Gottes Ungemach zu leiden, als den zeitlichen Genuss der Sünde zu habe, indem er die Schmach des Christus für größeren Reichtum hielt als die Schätze Ägyptens; denn er schaute auf die Belohnung. (Hebr 11,24-26)

„Er schaute auf die Belohnung!" Er hatte klare Vorstellungen, die weit über Ägypten und die Wüste Sinai hinausreichten. Er sah die ewige Belohnung und entschied sich für sie. Dieser Weg war sicherlich schwerer, als ein Hirte in der Wüste zu bleiben, aber er war es wert. Er verwechselte nicht das Unsichtbare mit der Einbildung, denn er wusste, dass der Himmel realer ist als die Erde je sein kann. Er sah mehr als seine Zeitgenossen.

Unser bestes Beispiel jedoch ist Jesus Christus selbst. „Indem wir hinschauen auf Jesus, den Anfänger und Vollender des Glaubens, der um der vor ihm liegenden Freude willen die Schande nicht achtete und das Kreuz erduldete und sich gesetzt hat zur Rechten des Thrones Gottes" (Hebr 12,2). Auch er sah über dieses Leben hinaus ins nächste Leben. Seine Motivation war der Siegespreis, zur Rechten Gottes des Vaters zu sitzen. Ein Ziel zu haben ist das Wichtigste. Jeder von uns sollte in der Lage sein, seine Ziele zu formulieren, seinen tiefsten Ehrgeiz. Wir müssen auf das Ewige hinarbeiten.

Als ich einmal in einem Boot auf dem Lake Michigan schaukelte, wurde mir schlecht. Ein Freund riet mir, mir ein Gebäude am Ufer zu suchen und meine Augen darauf gerichtet zu halten. Ich nahm einen Turm ins Visier, und schon wenige Augenblicke später ging es mir besser. Er erklärte, dass die Bewegung des Schiffes unseren Gleichgewichtssinn verwirrt, wenn wir auf die Ursache der Bewegung schauen. Doch wir können das Auf und Ab meistern, wenn unsere Augen auf ein feststehendes Objekt fixiert sind, das unsere Bewegungen nicht mitmacht.

Wir alle erleben Tage, an denen wir uns sagen müssen: „Heute will ich an meinem Ziel festhalten; ich will mich auf Christus hin ausrichten, ganz gleich, welcher Sturm heute mir den Weg kreuzt!"

Entschlossenheit

Wir haben schon den Abschnitt im Hebräerbrief gelesen, der uns sagt, wie wir am Wettkampf teilnehmen sollen. Hier finden wir die Regeln, wie wir *erfolgreich* teilnehmen können: „Deshalb lasst nun auch uns, da wir eine so große Wolke von Zeugen um uns haben, jede Bürde und die leicht umstrickende Sünde ablegen und mit Ausharren laufen den vor uns liegenden Wettlauf" (Hebr 12,1).

Vielleicht haben sie schon gehört, dass Ausleger gesagt haben, diese „Wolke von Zeugen" sei die Menge der Gläubigen, die in den Himmel gekommen ist und uns auf der Erde nun beobachtet. Doch aus dem Zusammenhang geht hervor, dass die Zeugen hier die Glaubenshelden aus Hebräer 11 sind, und *wir motiviert werden, weil wir sie sehen können, nicht weil sie uns beobachten!*

Insbesondere sehen wir auf Männer wie Abraham, Josef und Mose zurück und schließen, dass sie das Rennen gewinnen konnten, und wir es also auch können. Wir lernen von ihnen, dass wir alles ertragen können, wenn wir uns nur an unser Ziel erinnern. Wir sollen diese Helden ansehen und dann unsere Augen auf Jesus richten.

Was sind nun die Regeln für den Wettlauf?

Zunächst müssen wir *unser Gewicht niedrig halten.* Wir sollen „jede Bürde ablegen." Es gibt Menschen, die sollten einer geistlichen „Weight Watcher"-Gruppe beitreten. Es gibt Dinge, die zwar keine Sünde sind, aber viel Gewicht haben, nämlich Angewohnheiten und Handlungen, die unsere Zeit und unsere Energie fressen, die eigentlich für Besseres übrig sein sollte.

Zweitens, müssen wir *unsere Füße freihalten.* Wir müssen von der Sünde frei werden, die uns so leicht

„umstrickt." Die Sünde bindet unsere Füße, lässt uns stolpern und schließlich führt sie dazu, dass wir das Rennen verlieren. Denken Sie nur an all die Leute, die nur ein bisschen zu viel wogen oder nur ein bisschen gesündigt haben und die verwundet an der Rennstrecke zurückblieben. Die von uns, die noch im Rennen sind, sind verpflichtet, denen zu helfen, die gestrauchelt sind, so dass auch sie die Ziellinie erreichen können.

Bei den olympischen Spielen von 1992 riss Derek Redmond (Großbritannien) im Halbfinale des 400-m-Laufes die Archillessehne. Er humpelte die Hälfte der Strecke. Der Anblick, wie sein Sohn sich quälte, war für Jim Redmond zu viel, der fast in der obersten Reihe des mit 650.00 Leuten ausverkauften Stadions saß. Er eilte die Treppen hinunter, vorbei an Sicherheitskräften, die wissen wollten, was er auf der Rennstrecke wolle.

„Es interessierte mich nicht im geringsten, was diese Leute von mir wollten", sagte er nachher. Er lief zu seinem Sohn, der etwa 120 m vor dem Ziel in der Kurve lief. Er schlang seinen Arm um die Taille seines Sohnes, mit der anderen Hand griff er die Linke seines Sohnes. Dann humpelten sie auf drei Füßen ins Ziel.

Derek hatte natürlich keine Chance, den Lauf zu gewinnen, doch sein Durchhaltevermögen erwarb ihm den Respekt der Zuschauer. Sein Vater sagte: „Er hat acht Jahre auf diesen Augenblick hingearbeitet. Ich wollte nicht, dass er vor dem Ziel aufgeben muss." Ob der Vater das nun wusste oder nicht, das war biblisch gehandelt.

„Darum ‚richtet auf die erschlafften Hände und die gelähmten Knie' und ‚macht Bahn für eure Füße!' Damit das Lahme nicht abirre, sondern vielmehr geheilt werde" (Hebr 12,12.13). Einigen muss man über die Ziellinie helfen. Einige sind über ihre eigenen Füße gefallen, andere sind von Verwandten und sogenannten Freunden zu Fall gebracht worden. Wir müssen denen helfen, die dem Teufel in die Falle geraten sind; wir müssen die Gefallenen aufrichten, ihre Wunden verbinden und ihnen bei ihrer Reise heimwärts helfen.

Entschlossenheit ist der Schlüssel dazu.

Das Ziel erreichen

Jeder Wettkämpfer kennt die beiden Gefahren Ablenkung und Schlaglöcher. Wir müssen nicht nur wissen, wie wir gewinnen können, sondern wir müssen auch wissen, warum manche den Wettkampf verloren haben.

Bitte erinnern Sie sich daran, dass die Kapiteleinteilungen der Bibel nicht zum inspirierten Text gehören! Paulus beendet seine Gedanken über das Gewinnen eines Wettkampfes nicht am Ende von 1. Korinther 9, sondern führt seine Gedanken im nächsten Kapitel fort: „Denn ich will nicht, dass ihr in Unkenntnis darüber seid, Brüder" (Kap. 10,1). Das kleine Wörtchen „denn" zeigt uns, dass Paulus hier mit seiner Warnung fortfährt.

In Kapitel 9 sagt Paulus: „Ich zerschlage meinen Leib und knechte ihn, damit ich nicht, nachdem ich anderen gepredigt, selbst verwerflich werde" (V. 27). Sogar *er* hatte Angst davor, den Wettkampf zu verlieren!

Wenn er nun Kapitel 10 beginnt, benutzt er die Israeliten als Bild für die Menschen, die den Wettkampf verloren haben. Es handelte sich bei den Israeliten um Menschen, die aus Ägypten erlöst worden waren, sie waren durch das Rote Meer gezogen, und hatten Gottes tägliche Versorgung erfahren, und doch erlangten sie den Siegespreis nicht.

Als erstes nennt Paulus die Segnungen, die sie genossen. Sie hatten alles, um erfolgreich im Wettkampf zu bestehen.

> *Denn ich will nicht, dass ihr in Unkenntnis darüber seid, Brüder, dass unsere Väter alle unter der Wolke waren und alle durch das Meer hindurchgegangen sind und alle in der Wolke und im Meer auf Mose getauft wurden und alle dieselbe geistliche Speise aßen und alle denselben geistlichen Trank tranken; denn sie tranken aus einem geistlichen Felsen, der sie begleitete. Der Fels aber war der Christus.* (Verse 1-4)

Als nächstes beschreibt Paulus ihr Versagen angesichts unzähliger Segnungen. „An den meisten von ihnen aber hatte Gott kein Wohlgefallen" (V. 5). Dann folgt eine Liste ihrer Sünden: Götzendienst, Unzucht und Undankbarkeit. Viele der Israeliten waren im Sinne des AT gerettet – sie werden im Himmel sein. Dennoch gefielen sie Gott nicht und werden den Preis nicht erlangen.

Es geht hier um den Gegensatz zwischen ihren vielen unverdienten Segnungen und ihrem Versagen. Sie starteten im Rennen mit allen Mitteln für ihre Reise, und doch strauchelten sie fern der Ziellinie. Sie erreichten nicht nur Kanaan nicht, sondern sie lebten noch nicht einmal in der Wüste erfolgreich, wo Gott für alle ihre Bedürfnisse sorgte.

Dieselben Sünden bedrohen uns heute. Unsere einzige Hoffnung zu gewinnen liegt in der Buße – ja, wir sollten unser Leben in ständiger Buße führen. Bitten Sie den Heiligen Geist, Ihnen die Sünden zu zeigen, die Sie davon abhalten, das Rennen gut zu beenden. Wenn sogar

Paulus fürchtete, disqualifiziert zu werden, dann müssen Sie und ich ganz sicher achtgeben.

„Sag, dass es nicht wahr ist, Ben!"

So hieß es am Beginn einer Sendung des kanadischen Fernsehens am Montag, dem 27. September 1988. Die Tests bei Nationalheld Ben Johnson hatten gerade ergeben, dass er Anabolika genommen hatte. Ihm war die Goldmedaille aberkannt worden, die er im 100-m-Lauf gewonnen hatte, bei der er sogar einen Rekord gebrochen hatte. Mitten in blumigen Reden von Parlamentsmitgliedern auf den „schnellsten Mann der Welt" begann die Nachricht durchzusickern, dass Johnson disqualifiziert worden war. Was das Ganze noch peinlicher machte war die Tatsache, dass Johnson gerade als Vorbild der kanadischen Jugend für die Kampagne „Keine Macht den Drogen" ausgewählt worden war.

Johnson lernte, dass man nicht gewinnen kann, wenn man sich nicht an die Regeln hält. Ganz gleich, wie wundervoll wir anfangen, es geht darum, wirklich die Ziellinie zu erreichen.

Wir sehen zurück und sagen: „Abraham hat gewonnen, David auch, Joseph ebenfalls, und außerdem doch eine Menge Leute, die zwar die Befreiung nicht erlebt haben, aber Gott trotzdem vertrauten." Wir können dazugehören! Doch wir sollten immer daran denken, was es sie gekostet hat.

Nichts ist so vergänglich wie ein Strauß Blumen. Im heißen Sonnenlicht überleben sie nur ein paar Stunden. Und um solch einen Kranz kämpften die Athleten im alten Griechenland. Paulus nannte es einen „vergänglichen Siegeskranz".

Im Gegensatz dazu erhalten diejenigen, die Jesus dienen, einen unvergänglichen Kranz. Er überdauert garantiert bis in die Ewigkeit. Wir müssen dem „Siegespreis der himmlischen Berufung Gottes in Christus Jesus" (Phil 3,14) nachstreben. Paulus schämte sich nicht zu sagen, dass er den Siegeskranz erlangen wollte. Er hielt es nicht für ungeistlich, die Zustimmung Jesu und die damit verbundene Ehre zu begehren.

Auf dem Schild eines Geschäftsmannes stand ein Schild mit der Aufschrift:

> *Was würdest du in 20 Jahren wünschen,*
> *dass du heute getan hättest?*

> *Tue es jetzt!*

Wollen Sie den Wettkampf gewinnen? Was immer dazu nötig ist, „tun Sie es jetzt!"

KAPITEL 8

Anstehen, um den Lohn zu empfangen

Len war im Krankenhaus, weil er an Krebs starb, als ich das Vorrecht hatte, ihm das Evangelium zu erklären, und er es annahm. Während der ihm noch verbleibenden drei Wochen seines Lebens betete er, las in seiner Bibel und war ein Segen für alle, die ihn besuchten. Er hatte vor dem Sterben keine Angst, aber er bedauerte es, dass er so lange gezögert hatte, Jesus in sein Leben aufzunehmen.

Welche Chance hat er, von Jesus belohnt zu werden, weil er nur so wenige Werke tun konnte und er sein Leben größtenteils „verschwendet" hatte? Jemand hat einmal gesagt, dass eine Bekehrung auf dem Totenbett ist, als ob man „eine Kerze im Dienste des Teufels abbrennt und den Rauch Gott in die Augen bläst."

Der Schächer am Kreuz hatte keine Gelegenheit, gute Werke zu tun. Vielleicht starb er, indem er den Einen pries, der ihm soeben das ewige Leben verheißen hatte. Das war etwas, doch verglichen mit einem Leben des Dienstes nicht besonders viel. Hat Gott im Himmel eine Waage, auf dem er den Lohn abmisst? Werden wir nach der Anzahl der Tage, Stunden oder Jahre belohnt, die wir im Dienst verbringen? Was passiert mit dem jungen Christen, der bei einem Auto-Unfall ums Leben kommt, oder gar kleinen Kindern, die gar keine Chance hatten, auch nur ein einziges gutes Werk zu tun?

Jesus erzählte ein Gleichnis, das oft missverstanden worden ist, doch ich glaube, dass es den Schlüssel zu der Frage enthält, die wir gerade gestellt habe. Die Geschichte handelt von der Fairness und Großzügigkeit Gottes und beinhaltet auch unsere Haltung im Dienst. Es endet mit der überraschenden Feststellung, dass „die Letzten Erste und die Ersten Letzte sein" werden (Mt 20,16).

Jesus hatte sich mit einem jungen, reichen Mann auseinander gesetzt, der seine Probleme mit dem Besitzstreben nicht zugeben wollte. Deshalb bat ihn Jesus, alles zu verkaufen und das Geld den Armen zu geben, so dass er einen Schatz im Himmel hätte. Doch als der junge Mann diese Aussage hörte, ging er traurig davon, „denn er hatte viele Güter" (Mt 19,22).

Jesus erklärte den Jüngern später, dass es für einen Reichen schwer ist, in das Reich zu kommen, denn „es ist leichter, dass ein Kamel durch ein Nadelöhr eingehe als ein Reicher in das Reich Gottes." Petrus, der daran dachte, was es die Jünger kosten würde, Jesus nachzufolgen, fragte: „Siehe wir haben alles verlassen und sind dir nachgefolgt. Was wird uns nun werden?" (V. 27). Vielleicht läge uns die gleiche Frage auf den Lippen, aber wir hätten nicht den Mut, sie zu stellen: „Und was habe ich davon?"

Wir sind oft versucht zu meinen, dass jeder Gedanke an Lohn selbstsüchtig ist. Doch Jesus hat Petrus für seine Frage nicht getadelt. Schließlich war ja Jesus selbst durch „die vor ihm liegende Freude" motiviert (Hebr 12,2). So wie es eine Belohnung dafür gab, dem Vater zu gefallen, so wird uns, wenn wir nun unsererseits Jesus gefallen, eine Belohnung verheißen. Es ist nicht falsch, wenn wir danach streben, seine Anerkennung zu erlangen.

Jesus antwortet auf die Frage des Petrus mit einer großen Verheißung:

Wahrlich, ich sage euch: Ihr, die ihr mir nachgefolgt seid, auch ihr werdet in der Wiedergeburt, wenn der Sohn des Menschen auf seinem Thron der Herrlichkeit sitzen wird, auf zwölf Thronen sitzen und die zwölf Stämme Israels richten. Und ein jeder, der Häuser oder Brüder oder Schwestern oder Vater oder Mutter oder Frau oder Kinder oder Äcker um meines Namens willen verlassen hat, wird hundertfach empfangen und ewiges Leben erben. Aber viele Erste werden Letzte und Letzte Erste sein. (Mt 19,28-30)

Was für eine Dividende! Bei Markus sagt Jesus, dass so jemand „hundertfach empfängt, jetzt in dieser Zeit Häuser und Brüder und Schwestern und Mütter und Kinder und Äcker unter Verfolgungen und in dem kommenden Zeitalter ewiges Leben" (Mk 10,30). Offensichtlich können wir das nicht wörtlich nehmen, denn wer würde hundert Brüder, Schwestern oder Mütter haben wollen! Aber Jesus will hier einfach sagen, dass der Lohn sowohl in diesem Leben als auch in der Ewigkeit in keinem Verhältnis zu den Kosten der Jüngerschaft stehen wird. Wie würde es Ihnen gefallen, wenn Sie Ihr Geld zur Bank bringen würden und Ihnen 10000% Gewinn sicher wären?

Samuel Zwemer, ein bekannter Moslem-Missionar, verlor innerhalb von 8 Tagen zwei Töchter, die vier und sieben Jahre alt waren. An der kühlsten Stelle der Veranda seines Hauses kletterte die Temperatur regelmäßig auf über 40°C. Seine Arbeit war größtenteils fruchtlos, und immer wieder mussten er und seine Frau Rückschläge hinnehmen. Fünfzig Jahre später, als er auf diese Zeit zurückblickte, schrieb er: „Die reine Freude all dessen steht mir noch immer vor Augen. Ich würde es auf jeden Fall mit Freuden genauso wieder machen."[1]

Viele Missionare, die Häuser, Heimatländer und Familien verlassen haben, geben von der Tatsache Zeugnis, dass die Freude des Dienstes für Jesus das Opfer lohnt. Piper schreibt: „Wenn Sie die Liebe und Fürsorge durch die Mutter in der Nähe aufgeben, bekommen Sie hundertfach die Liebe und die Fürsorge von Jesus zurückgezahlt, der allgegenwärtig ist. ... Wenn Sie das Gefühl des „Zu-Hause-Seins" aufgeben, das Sie in Ihrem Heim hatten, dann bekommen Sie hundertfach die Bequemlichkeit und die Sicherheit zurück, weil Sie wissen, dass Ihr Herr jedes Haus und jedes Land und jeden Bach und jeden Baum auf Erden besitzt."[2]

Wir werden gebeten, uns die kleineren Güter um der größeren willen zu versagen. Paulus konnte sagen, dass im Vergleich dazu, Jesus zu kennen, alles Müll ist. Und auch für solche Hingabe gibt es ewigen Lohn. Jemand hat gesagt, dass die Entschädigung größer ist als das, was wir aufgeben.

Das Gleichnis Jesu

In Israel reift die Traubenernte etwa Ende September, und danach kommt die Regenzeit. Es gibt nur ein kleines Zeitfenster, etwa zwei Wochen, in denen die Trauben geerntet werden können. Verständlicherweise brauchen Besitzer von Weinbergen zusätzliche Kräfte, um die Ernte schnell einbringen zu können. Ein Besitzer konnte zum Marktplatz gehen und dort Arbeiter finden, die bereit waren, als Tagelöhner zu arbeiten. Jeder hoffte, dass er Arbeit bekäme.

„Denn mit dem Reich der Himmel ist es wie mit einem Hausherrn, der frühmorgens ausging, um Arbeiter in seinen Weinberg einzustellen. Nachdem er aber mit den Arbeitern um einen Denar für den Tag übereingekommen war, sandte er sie in seinen Weinberg" (Mt 20,1-2).

Der Besitzer ging um sechs Uhr morgens hinaus und fand eine Gruppe Tagelöhner. Nach ein paar Verhandlungen stellt er sie für den üblichen Lohn ein: ein Denar pro Arbeiter am Tag. Also gingen sie los in die Felder, und taten genug Arbeit, um den Vertrag zu erfüllen.

Doch es gab noch mehr Arbeit zu tun. Deshalb ging der Besitzer um neun Uhr, zu Mittag und sogar noch einmal um fünf Uhr, um andere einzustellen, damit die Ernte bis Sonnenuntergang eingebracht war. Er stellte so viele ein, wie er brauchte, um die Aufgabe bis zum Ende des Arbeitstages um sechs Uhr abends zu beenden.

Als die Aufgabe beendet war, bat er seinen Vorarbeiter, die Arbeiter in einer Reihe aufzustellen, damit sie ihren Lohn erhielten. Zum Erstaunen aller ordnete er an, dass diejenigen, die als letzte gekommen waren, zuerst bezahlt würden. „Und als die um die elfte Stunde Gedungenen kamen, empfingen sie je einen Denar" (V. 9).

Stellen Sie sich vor! Sie haben nur eine Stunde gearbeitet und bekommen trotzdem den vollen Tageslohn ausbezahlt! Als sie gingen, zeigten sie stolz den Denar, den sie bekommen hatten und das Wort von der Großzügigkeit des Eigentümers des Weinbergs ging durch die Warteschlange. Die zuletzt angestellten Arbeiter freuten sich, genug zu Essen und ein bisschen übrig zu haben. Das war einer, für den sie ganz sicherlich wieder freudig arbeiten würden!

Natürlich konnten die Frühaufsteher, die noch in der Reihe standen, es kaum erwarten, ihren Lohn zu bekommen. Sie rechneten sich aus: Wenn der Lohn ein Denar pro Stunde ist, dann würden sie zwölf Denare bekommen. Und wenn schon nicht zwölf, wären sie sicher auch mit zehn zufrieden.

Sie waren auf die Enttäuschung nicht vorbereitet, die auf sie wartete. Es sprach sich herum, dass diejenigen, die um drei Uhr nachmittags gekommen waren, auch einen Denar bekamen, und auch die, die mittags und um 9 Uhr morgens gekommen waren! Und nun waren die Frühaufsteher an der Reihe. „Als aber die ersten kamen, meinten sie, dass sie mehr empfangen würden; und auch sie empfingen je einen Denar" (V. 10).

Unfair!

„Als sie den empfingen, murrten sie gegen den Hausherrn und sprachen: Diese letzten haben *eine* Stunde gearbeitet, und du hast sie uns gleich gemacht, die wir die Last des Tages und die Hitze getragen haben" (V. 11-12). Wenn Sie gewusst hätten, das es so gehen würde, wären sie auch erst um fünf Uhr nachmittags gekommen. Warum nicht gerade nur so wenig arbeiten wie nötig, um zu bekommen, was die anderen auch bekommen haben? Wenn sie zu unserer Zeit gelebt hätten, hätten sie sich sicherlich beim Betriebsrat beschwert.

Aber der Besitzer des Weinberges hatte eine Antwort: „Freund, ich tue dir nicht unrecht. Bist du nicht um einen Denar mit mir übereingekommen? Nimm das Deine und geh hin! Ich will aber diesem letzten geben wie auch dir. Ist es mir nicht erlaubt mit dem Meinen zu tun, was ich will? Blickt dein Auge neidisch, weil ich gütig bin? So werden die Letzten Erste und die Ersten Letzte sein" (V. 13-16).

Soweit das Gleichnis.

Die Auslegung

Wie sollen wir nun diese Geschichte auslegen?

Einige Ausleger sind der Ansicht, dass der Denar ein Symbol für die Errettung ist. Deshalb, ob man nun früh im Leben oder erst später gerettet wird, man bekommt immer noch dieselbe Gabe. Der Mann, der auf dem Sterbebett Jesus annimmt erhält dasselbe ewige Leben wie jemand, der schon viele Jahre Jesus gedient hat.

Aber es gibt mit dieser Auslegung ernsthafte Probleme. Zum Glück brauchen wir nicht zu arbeiten, um in den Weinberg zu kommen, denn keiner von uns würde sonst zugelassen. Hier geht es um den Arbeitslohn, nicht um die Errettung aus Gnaden.

Andere Ausleger meinen, dass dieses Gleichnis lehrt, dass es nicht darum geht, wie *lange* jemand arbeitet, sondern darum, wie *hart*. Diejenigen, die früh kamen, haben sich längere Pausen erlaubt, haben bei der Lese geschwatzt und haben dazu noch drei Stunden Mittagspause gehabt. Deshalb haben die, die um fünf Uhr kamen, genausoviel gearbeitet wie diejenigen, die schon bei Sonnenaufgang im Weinberg waren.

Doch wir haben keinerlei Anhaltspunkt dafür, dass diejenigen, die später kamen, die besseren Arbeiter gewesen wären, während die anderen faulenzten. Als nämlich die Frühaufsteher sich beklagten: „Wir haben die Last des Tages und die Hitze getragen", da hat der Eigentümer ihre Behauptung nicht bestritten.

Eine dritte Interpretation sagt, dass jeder denselben Lohn bekommen wird. Ob man den Weinberg als treuer Arbeiter oder als selbstsüchtiger Opportunist betritt, auf jeden Fall wird der Lohn zum Schluss der gleiche sein. Deshalb geht es beim Richterstuhl Christi um nichts anderes, als in der Reihe zu stehen, um den Denar zu empfangen.

Aber das kann Jesus hier nicht meinen. Denn der gesamte Zusammenhang, in dem die Geschichte steht, spricht dagegen! Jesus hatte gerade erst Petrus und den anderen Jüngern versichert, dass sie großzügig belohnt würden, weil sie alles verlassen hatten, um ihm zu folgen. Sie würden im Reich der Himmel über die zwölf Stämme Israel herrschen.

Und, wenn wir diese Jünger beneiden sollten, so wird auch uns verheißen, dass wir Lohn erhalten, wenn wir bereit sind, Vater und Mutter zu verlassen und unser Kreuz auf uns zu nehmen. Was immer der Lohn sein wird, Jesus hat uns versprochen, dass der Lohn auf jeden Fall weitaus größer sein wird als alles, was wir aufgegeben haben. Es ist eindeutig, dass nicht jeder denselben Lohn empfangen wird. Warum sollten sonst so viele Abschnitte des Neuen Testaments vom Lohn sprechen, wenn wir alle gleich belohnt werden, wenn wir vor Jesus stehen?

Vielleicht gibt es ja eine bessere Auslegung.

Erinnern Sie sich daran, dass die Juden als erste die Einladung ins Reich Gottes erhielten. Schon im 1. Buch Mose hat Gott Abraham verheißen, dass er groß sein würde und durch ihn alle Nationen der Erde gesegnet würden. Das war der Beginn einer Reihe von Bündnissen und Verheißungen, die schließlich im Kommen Christi und der Aufrichtung des Reiches gipfeln sollten. Nun lehnten die Juden die Heiden ab, die von Jesus in den Weinberg eingeladen worden waren. Diese Neuankömmlinge waren dankbar für ihr Vorrecht und wurden von Gott gesegnet.

Als Jesus dafür kritisiert wurde, dass er mit Sündern Freundschaft schloss, erzählte er die bekannte Geschichte vom verlorenen Sohn, der in ein fernes Land reiste und dort sein Erbe verschwendete. Als er nach Hause kam, gefiel dem älteren Bruder die Großzügigkeit gegen seinen ungeratenen Bruder überhaupt nicht. Schließlich war er es ja, der hart gearbeitet und den Hof bewirtschaftet hatte. Und nun belohnte der Vater diesen Nichtsnutz einfach nur dafür, dass er nach Hause kam!

Der älteste Bruder hatte seinen Vater für selbstverständlich genommen. Er hatte auf dem Hof gearbeitet, nicht, weil er den Vater lieb hatte, sondern weil er dabei Gewinn machen wollte. Er war der Meinung, dass es Lohn für eine bestimmte Menge an geleisteten Stunden geben sollte. Soundsoviel Geld für soundsoviel Arbeit. Und nun kommt der ungeratene Bruder heim, und der Vater überschüttet ihn mit unvernünftiger Zuwendung und Freude. Das war für den Jungen, der zu Hause geblieben war und all die harte Arbeit getan hatte, einfach zu viel.

Ich glaube, das ist die gleiche Haltung wie sie diejenigen hatten, die um 6 Uhr morgens bei der Arbeit im Weinberg waren. Wir lesen: „Nachdem er aber mit den Arbeitern um einen Denar den Tag *übereingekommen* war, sandte er sie in seinen Weinberg" (V. 2, Hervorhebung vom Autor). Sie hatten gut verhandelt. Die anderen, die später kamen, hatten keinen Vertrag. Der Besitzer des Weinbergs sagte ihnen nur: „Geht auch ihr hin in den Weinberg, und was recht ist, werde ich euch geben" (V. 4). Sie vertrauten ihm daraufhin. Es geht nicht nur darum, wie lange man dient, sondern auch die *Haltung* beim Dienen ist wichtig. Und noch viel mehr, denen, die gut dienen, zahlt der Besitzer weitaus mehr, als sie sich erträumt hatten.

Was wir daraus lernen sollten

Es gibt mehrere Lektionen, die wir aus diesem Gleichnis lernen können, und wenn wir sie entdecken, werden wir zum Zentrum dessen geführt, was Jesus uns hier sagen wollte.

Wir sollten im Glauben dienen, ohne Vertrag

Haddon Robinson schreibt, dass eines Tages sein Sohn aus der heißen texanischen Sonne ins Haus kam, und rief: „Papa, ich habe den Rasen gemäht!", was natürlich mit anderen Worten bedeuten sollte: „Jetzt zahl' mir bitte was dafür!"

Sein Vater fragte: „Was meinst du, was deine Arbeit wert ist?" Der Junge wollte nicht antworten.

Als der Vater weiter fragte, wich er immer wieder der Antwort aus, und als sein Vater schließlich fragte: „Warum willst du nicht sagen, was du haben möchtest?", antwortete der Junge: „Ich weiß, dass du mir weitaus mehr gibst, als ich je fordern würde!"

Diejenigen, die schon früh in den Weinberg kamen, handelten den Preis aus, die anderen nicht. Wir können uns den Ton bei den Verhandlungen bei Sonnenaufgang vorstellen. Sie wollten genau wissen, was sie verdienen würden. Sie würden keinen Fuß in den Weinberg setzen, wenn sie nicht wüssten, was sie dafür bekommen würden.

Den anderen reichten die Worte des Besitzers: „Was recht ist, werde ich euch geben." Sie fühlten sich geehrt, gebeten zu werden zu dienen, und was immer der Besitzer ihnen zahlen würde, wäre in ihren Augen ausreichend. Sie gaben ihm die Freiheit der Entscheidung.

Ich habe schon Christen sagen hören: „Ich habe Gott

versprochen, dass ich anfange, den Zehnten zu geben, wenn er mir einen besseren Job verschafft." Oder: „Wenn Gott mich *nicht* nach Afrika beruft, dann werde ich eine gute Arbeit annehmen und zehn Missionare unterstützen." Solche Geschäfte binden Gottes Hände, und er kann zu uns nicht großzügig sein. Wir sollten mit Gott keine Verhandlungen zu führen versuchen. Wir sollten ihm einfach so gut dienen, wie wir es mit unseren Fähigkeiten überhaupt können und ihm die Sorge um das Ergebnis überlassen. Wir müssen seinen Willen suchen und ihm vertrauen, dass er uns dann schon das Richtige geben wird.

Wir dürfen nie denken, dass Gott uns verpflichtet wäre. Lassen Sie uns daran denken, dass Gott uns nichts schuldet außer die ewige Verdammnis. Gott hat es gefallen uns zu belohnen, nicht weil er uns etwas schulden würde, sondern weil er großzügig ist. Wenn wir auf Lohn bestehen, dann haben wir nicht verstanden, um was es in dieser Vater-Sohn-Beziehung geht.

Wenn wir anfangen, mit Gott zu verhandeln, wenn wir Geschäfte mit ihm machen wollen, dann verlieren wir. Er wird viel großzügiger sein, wenn wir erkennen, dass nur er allein das Recht hat, über unseren Lohn zu entscheiden. Er lädt uns ein, uns an seiner Verheißung zu erfreuen, dass wir Lohn erhalten werden, doch *er* muss bestimmen, wie der Lohn aussehen wird. Wir werden mit seiner Entscheidung ganz sicher zufrieden sein.

Wir sollen in Unterordnung dienen, statt neidisch zu sein

Die Frühaufsteher sahen die später Ankommenden missmutig an und neideten ihnen den großzügigen Lohn, den sie erhalten hatten. Sie fanden es unmöglich, dass der Besitzer des Weinbergs den Faulenzern mehr Geld gegeben hatte, als sie verdient hatten. Der Besitzer des Weinberges antwortete: „Ist es mir nicht erlaubt, mit dem Meinen zu tun, was ich will? Blickt dein Auge neidisch, weil ich gütig bin?" (V. 15). Unglücklicherweise verfallen wir alle nur zu schnell der Sünde des Vergleichens und lehnen dann die ab, denen es besser geht, und verachten die anderen, denen es schlechter geht. Lesen sie nur mal in Büchern über Kirchengeschichte nach, und sie werden ganz schnell sehen, dass es bei vielen Konflikten gar nicht um die Lehre ging, sondern um persönliche Auseinandersetzungen. Manchmal war Gottes Segen so unterschiedlich verteilt, dass ein Christ den anderen beneidete und plante, seinem Bruder Schaden zuzufügen. Wieviel besser, wenn wir uns freuen können, wenn andere erhoben werden!

Ein Freund von mir fragte mich einmal, ob mir schon aufgefallen wäre, wie oft Gott seine Hand auf den Verkehrten legte. Es ging ihm natürlich darum, dass Gott oft einige Menschen mehr segnet, als wir es tun würden, wären wir an Gottes Stelle! Neidisch sein oder uns darüber beklagen, dass unser Platz im Weinberg nicht so beachtet ist wie der von jemandem anderen, bedeutet, dass wir den Sinn des Dienstes für Jesus nicht verstanden haben.

Charles Ryrie, der Verfasser der Ryrie Studienbibel, erzählt, dass er eines Tages in einem Flugzeug sass, als die Flugbegleiter einige der Passagiere in der Business-Klasse baten, doch in die erste Klasse zu kommen. Leider gehörte er nicht zu den Glücklichen. Er ärgerte sich darüber, dass er hinten bleiben musste, während andere nach vorne auf komfortablere Plätze gebeten wurden. Während er mit seiner schlechten Laune da sass, fiel ihm unser Gleichnis ein und er las es. Er wandte die Worte für sich folgendermaßen an: „Freund, ich tue dir nicht unrecht. Hast du nicht bei der Fluggesellschaft für einen Platz in der Business-Class bezahlt? Ist es der Fluggesellschaft nicht erlaubt, mit ihrem Eigentum zu tun, wie sie will? Wenn es der Fluggesellschaft gefällt, einigen Passagieren der 2. Klasse Sitze in der 1. Klasse zu geben, blickt dann dein Auge nicht neidisch, weil die Fluggesellschaft gütig ist?"

Wir dürfen nicht neidisch werden, wenn Gott gegenüber einigen Menschen großzügiger ist, als wir meinen, dass ihnen gut täte. Denn wenn er nicht großzügig wäre, würde keiner von uns gerettet und keiner von uns würde Lohn erhalten. Lassen Sie uns mit unserem Platz im Weinberg zufrieden sein, ganz gleich, wie wenig Beachtung er findet, oder in welcher Ecke wir arbeiten. Weil alles, was wir empfangen, nicht verdient ist, sollten wir dankbar sein für jeden Lohn, den uns der Besitzer geben mag.

Gott ist souverän in seiner Erwählung, und er ist auch souverän in der Verteilung von Vorrechten und Gaben. Und er ist ebenfalls souverän bei der Verteilung von Lohn, den er uns geben will. Offensichtlich handelt er jedoch nicht willkürlich. Es gibt einen Zusammenhang zwischen unserem Dienst auf der Erde und dem Lohn, den wir im Himmel empfangen werden. Doch wir werden viel mehr empfangen, als wir uns je erträumen ließen.

Und dieser Gedanke führt uns nun zum Kernpunkt des Gleichnisses.

Unsere Belohnung ist Gnade, kein Arbeitslohn

Im Himmel wird manches umgekehrt sein: „So werden die Letzten Erste und die Ersten Letzte sein" (V. 16). Mit diesen Worten hat Jesus die Hauptlehre des Gleichnisses zusammengefasst. Einige, die erst spät in das Reich kommen, können eventuell weiter sein, als diejenigen, die sich schon früh bekehrt haben.

Wie wir schon erfahren haben, ist der erste Grund für diese Umkehrung der Rangfolge, dass Gott auch die Haltung, in der wir dienen, in seine Beurteilung einbezieht. Wer erst spät im Leben zu Jesus findet und deshalb erst spät in den Weinberg kommt, hat nicht die gleiche Gelegenheit, Gutes zu tun, wie jemand, der schon im Glauben aufgewachsen ist. Doch wenn einer, der später gekommen ist, gut dient, wird er viel mehr empfangen, als er je erwarten konnte. Vielleicht den Lohn eines ganzen Lebens für einen Monat Dienst. Lohn basiert nicht auf der *Zeit*, die wir im Weinberg verbracht haben.

Wenn die Länge der Zeit, die man im Weinberg verbringt, entscheidend wäre, dann würde keiner von uns ein Märtyrer werden wollen. Wir würden weiter Jesus dienen wollen, um noch mehr gute Taten zu sammeln. Doch ist es eine Tatsache, dass nur Gott bestimmt, wie lange wir im Weinberg sind. Niemand wird bestraft, weil sein Leben vorzeitig zu Ende geht.

Der Teenager, der bei einem Autounfall ums Leben kommt, der Mann, der Jesus auf dem Sterbebett annimmt – sie werden mehr bekommen, als sie je zu hoffen wagten. Vielleicht wird sogar das kleine Kind großzügig belohnt, und zwar basierend auf dem, was es getan haben mochte, wenn es die Gelegenheit gehabt hätte. Jedenfalls werden diese Leute mehr Lohn erhalten, als diejenigen, die Gott nur aus Pflichtgefühl oder aus Gesetzlichkeit und ohne Liebe gedient haben. So werden die Ersten Letzte, und die Letzten Erste sein.

Zweitens geht aus dem Schlusssatz hervor, dass der

Lohn, den wir empfangen, nicht auf der Basis „gleicher Lohn für gleiche Arbeit" ausgezahlt werden wird. Sondern unser Lohn wird hundertmal größer sein als jede Arbeit, die wir getan haben. Gott wird den Gesetzlichen bezahlen, der für einen festen Lohn gearbeitet hat, doch schließlich wird er Diejenigen, die ihm einfach nur vertraut haben, weit über alle Erwartungen belohnen. Unsere Beziehung zu Gott ist nicht die eines Herrn und eines Sklaven, sondern er ist unser Vater, dem es Freude macht, das Erbe mit dem gehorsamen Kind zu teilen.

Schließlich werden wir weit mehr empfangen, als wir verdient haben. Denn schließlich *verdienen* wir eigentlich, wie wir schon gesagt haben, gar nichts. Gott wird uns Lohn geben, der in keinerlei Verhältnis zu unserer geleisteten Arbeit steht. Weil letztlich niemand den Lohn wirklich „verdient" hat, werden wir die Vorteile eines Lohnes aus Gnade haben. Wir werden für alle Ewigkeit dankbare Herzen haben.

Henry C. Morrison und seine Frau kamen nach vierzig Jahren Dienst in Afrika mit dem Schiff nach Hause. Theodor Roosevelt und sein Stab waren auch an Bord, und es wurde viel gezecht und gefeiert. Der Präsident wurde in New York mit einem großen Empfangskomitee und einer Kapelle empfangen. Aber die Morrisons fühlten sich ausgegrenzt, denn niemand holte sie ab. Als sie darüber nachdachten, erkannten sie, dass denen, die auf dem Schiff gefeiert hatten, die getrunken und getanzt hatten, den Berühmtheiten – denen wurde ein großer Empfang bereitet. Aber den Missionaren nicht.

Verständlicherweise war das Ehepaar enttäuscht. Doch eines Tages konnte sich Mr. Morrison wieder im Herrn freuen. Er erklärte seiner Frau, dass er gebetet und dabei Gott noch einmal seine Verärgerung gebracht habe.

„Wir sind doch Diener des Höchsten, Diener Gottes, und als wir nach Hause kamen, war keiner da, um uns zu begrüßen, aber diejenigen, die dieser Welt dienen, die wurden lautstark begrüßt, als sie nach Hause kamen ...“

„Dann“, sagte er, „war es als ob Gott zu mir sagen würde: ‚Moment mal, *du bist noch nicht zu Hause!*‘“

Was immer wir für Entbehrungen hier auf Erde zu ertragen haben, wie häufig wir auch einsam sind, was immer wir um Christi willen zu erleiden haben – wir werden dafür großzügig belohnt. Wir werden erstaunt dastehen, wenn wir sehen, dass Gott uns so viel für so wenig schenkt!

Wir sind zu verschiedenen Zeiten in den Weinberg berufen worden, doch Gott sei Dank, wir dürfen damit rechnen, dass wir am Ende der Tage belohnt werden. Und weil der Besitzer des Weinberges so großzügig ist, werden die Letzten Erste und die Ersten Letzte sein. Natürlich werden wir kein Geld erhalten. Sondern wir haben die Freude, mit Jesus herrschen zu dürfen. Und diesem unendlich großen Lohn wenden wir uns nun zu.

KAPITEL 9

Ewig mit Jesus Christus herrschen

Und sie werden herrschen in alle Ewigkeit."
„So sagt der Apostel Johannes von den Knechten, die Gott im Neuen Jerusalem dienen (Offb 22,5). Die Herrschaft mit Jesus ist Gottes endgültiges Ziel für die Gläubigen, das größtmögliche Vorrecht für uns. „Wer überwindet, dem werde ich geben, mit mir auf meinem Thron zu sitzen, wie auch ich überwunden und mich mit meinem Vater auf seinen Thron gesetzt habe" (Offb 3,21).

Diejenigen, die mit Jesus herrschen, sind Überwinder, diejenigen, die erfolgreich die Herausforderungen dieses Lebens bestanden haben. Sie haben Stürme überstanden und haben gegen alle Vernunft Gottes Verheißungen vertraut. Sie haben bereitwillig um seines Namens willen gelitten. Sie haben der dreifachen Versuchung von Vergnügen, Besitz und Macht widerstanden. Das sind diejenigen, die wirklich glauben, dass gilt: „Die Welt vergeht und ihre Lust; wer aber den Willen Gottes tut, bleibt in Ewigkeit" (1Jo 2,17).

Das ist die Gemeinschaft der Gläubigen, die bewiesen hat, dass sie des Retters *würdig* ist. Dreimal hat Jesus das Wort in Matthäus 10,37-38 benutzt. Obwohl wir diesen

Abschnitt oben schon einmal zitiert haben, werden wir ihn jetzt in einem neuen Licht sehen: „Wer Vater oder Mutter mehr liebt als mich, ist meiner nicht *würdig*; und wer Sohn oder Tochter mehr liebt als mich, ist meiner nicht *würdig*; und wer sein Kreuz nicht aufnimmt und mir nachfolgt, ist meiner nicht *würdig*" (Hervorhebung vom Autor).

Paulus ermahnt uns: „Wandelt *würdig* der Berufung, mit der ihr berufen worden seid" (Eph 4,1; Hervorhebung vom Autor). Und wiederum: „Wir haben euch beschworen, des Gottes *würdig* zu wandeln, der euch zu seinem Reich und seiner Herrschaft beruft" (1Thes 2,12, Hervorhebung vom Autor). Wir sollen uns unserer hohen Berufung würdig erweisen. Wir sind, sagt Iosif Ton, „geformt und geprüft auf Verlässlichkeit, und aufgrund unserer Verlässlichkeit wird uns eine entsprechend verantwortliche Stelle im Reich geschenkt."[1]

Wir können nicht häufig genug betonen, dass es sich hier nicht um ein Vorrecht handelt, das im normalen Sinne des Wortes „verdient" wird. Es handelt sich um ein gnädiges Geschenk, das auf unseren zeitlichen Bemühungen auf der Erde basiert. Wie wir gesehen haben, bestimmt unsere Reaktion auf Gelegenheiten, die wir hatten – ob sie nun groß oder klein waren – unseren Lohn.

Der Vater und seine Söhne

Lassen Sie uns daran denken, dass Gott in uns einen Charakter bilden will, der dem Charakter Christi ähnlich ist. Die Eigenschaften, die wir bei ihm sehen, sind diejenigen, die die Größe im Reich Gottes ausmachen. Als Mensch wurde Jesus erhöht, weil Gott an ihm Gefallen haben konnte. Diese Eigenschaften werden von der Welt im allgemeinen völlig übersehen.

Viele Leute, die ein Heiligungs- oder Wohlstands-Evangelium predigen, sagen uns, dass wir wie „Königskinder" leben sollten. Sie meinen damit, dass wir nach Geld streben und es genießen sollten, denn schließlich werden Königskinder normalerweise mit allen Wohltaten verwöhnt, die für Geld zu haben sind.

Sie vergessen dabei, dass Jesus zwar „Königskind" war, aber dass sein Leben dem genau entgegengesetzt war, was uns diese Prediger empfehlen. Er wurde in Armut geboren und hat auf dieser Welt nichts investiert. Obwohl Gott von uns vielleicht nicht genau die gleiche Selbstverleugnung verlangt, bleibt die Tatsache, dass Jesus der herrschenden Kultur so entgegengesetzt lebte, wie es nur ging. Er war arm und demütig, und er lehrte, dass dies der Weg zu wahrer Größe sei.

Jesus tadelte seine Jünger dafür, dass sie die Segnungen des Reiches Gottes mit dem Lebensstil auf Erden verwechselten. Wenn sie später groß sein wollten, war das in Ordnung, aber sie mussten lernen, das dies nur zu erreichen ist, wenn sie auf Erden die niedrigste Stellung einnehmen. Bonhoeffer hatte recht als er sagte: „Die Gestalt des Gekreuzigten verbietet jeden Gedanken daran, Erfolg als Maßstab zu nehmen."

Jesus hatte den Jüngern schon verheißen, dass sie das Reich mit ihm regieren würden, doch das genügte der Mutter von Jakobus und Johannes nicht. Sie kam mit ihren beiden Söhnen im Schlepptau zu Jesus und bat darum, dass sie zur Rechten und zur Linken Jesu sitzen dürften, wenn das Reich kommen würde (Mt 20,20-28). Die Unterhaltung entwickelte sich etwa folgendermaßen:

„Meister, wir möchten, dass du uns eine Bitte erfüllst."

„Was möchtet ihr denn, das ich tun soll?"

„Bestimme bitte, dass wir in deiner Herrlichkeit zu deiner Rechten und Linken sitzen werden."

Als die andern diese geheime Unterhaltung mitbekamen, wurden sie ärgerlich über diese Bitte hinter ihrem Rücken. Die anderen Jünger wollten auch um diese beiden Plätze neben Jesus und seinem Thron kämpfen. Unser Herr regte sich über diese Bitte nicht auf, aber er wies die Jünger darauf hin, dass sie das Wesen echter Größe im Reich noch nicht verstanden hatten.

Zunächst fragte er sie, ob sie bereit waren, mit ihm zu leiden, um ihren Platz im Reich zu erwerben. „Ihr wisst nicht, um was ihr bittet. Könnt ihr den Kelch trinken, den ich trinken werde?" (V. 22). Sie antworteten, dass sie das könnten. Das war die erste Prüfung, die Fähigkeit, mit Jesus zu leiden. Denn sogar er wurde durch Leiden vollkommen gemacht, umso mehr sollte das für uns gelten. Größe hat nichts mit Luxus oder Muße zu tun, sondern eher mit Schmerz und Tränen.

Alexander Maclaren hat treffend gesagt: „Jeder Schritt auf dem Weg zu geistlichem Fortschritt wird durch die blutigen Fußspuren verletzter Selbstliebe gekennzeichnet."

Jesus stellt die Aussage der Jünger hier nicht in Frage, dass sie zum Leiden mit ihm bereit waren. Er fährt fort: „Meinen Kelch werdet ihr zwar trinken, aber das Sitzen zu meiner Rechten und zu meiner Linken zu vergeben, steht nicht bei mir, sondern ist für die, denen es von meinem Vater bereitet ist" (V. 23). Der Heilige Geist gibt uns die Bereitschaft zum Leiden, auch wenn wir von Natur aus zögern und ängstlich sind.

Wir tun normalerweise alles, um Leiden zu vermeiden, doch Gott bringt trotzdem Anfechtungen in unser Leben. Obwohl er einige Menschen von Krankheit heilt, müssen doch viele jahrelang leiden. Jede Anfechtung, so heißt es, kommt mit einer Botschaft vom Herzen Gottes. Vom Standpunkt der Ewigkeit aus gesehen, handelt es sich um eine Gabe, die wir schätzen sollten, denn sie erhöht unsere ewige Freude und Ehre.

Doch gibt es eine zweite Eigenschaft, die wir auf dem Weg zum Thron nötig haben. Jesus weist darauf hin, dass Größe im Reich Demut und Dienst bedeutet.

> *Ihr wisst, dass die Regenten der Nationen sie beherrschen und die Großen Gewalt gegen sie üben. Unter euch wird es nicht so sein, sondern wenn jemand unter euch groß sein will, wird er euer Sklave sein, gleichwie der Sohn des Menschen nicht gekommen ist, um bedient zu werden, sondern um zu dienen und sein Leben zu geben als Lösegeld für viele.* (V. 25-28)

Das Gesetz des Reiches ist dem der Welt genau entgegengesetzt. In der Welt bemisst sich Größe nach der Zahl der Menschen, über die man herrscht. Über zehntausend zu herrschen ist besser, als über tausend zu herrschen. Im Reich dagegen bemisst sich Größe nach der Anzahl der Menschen, denen man *dient*. Demut ist das höchste Ehrenzeichen. Ja, auch Jesus wurde erhöht, weil er „nicht gekommen ist, um bedient zu werden, sondern um zu dienen und sein Leben zu geben als Lösegeld für viele" (V. 28).

Paulus verbindet ausdrücklich die Demut Jesu und seine spätere Erhöhung. „Er erniedrigte sich selbst und wurde gehorsam bis zum Tod, ja, zum Tod am Kreuz. Darum hat Gott ihn auch hoch erhoben und ihm den Namen verliehen, der über jeden Namen ist" (Phil 2,8.9).

Seine demütige Unterwerfung unter Gott ist der Grund dafür, dass ihn Gott erhöht hat. Er lehrte uns, *dass der untere Weg nach oben führt*.

Unglaublich, die Dienerrolle Jesu wird auch im Reich Gottes fortgeführt. Es scheint sogar so zu sein, dass er uns dient, wenn wir uns zum Essen setzen! Jesus ermahnt die Jünger, für seine Wiederkunft bereit zu sein, der Erste zu sein, der ihm die Tür öffnet, wenn er anklopft. „Glückselig jene Knechte, die der Herr, wenn er kommt, wachend finden wird! Wahrlich, ich sage euch: Er wird sich umgürten und sie sich zu Tisch legen lassen und wird hinzutreten und sie bedienen" (Lk 12,37). Dienst gibt es nicht nur auf Erden, sondern auch im Himmel. Die Demut Jesu uns gegenüber sollte uns die Tränen in die Augen treiben. Wie Augustinus sagte: „Gott demütigte sich selbst, während der Mensch hochmütig bleibt."

Wir dienen, damit wir eine hohe Stellung erhalten, doch schon der Dienst an sich ist Größe, weil wir dann Christus ähnlich sind. Ironischerweise, wenn Sie einmal mit Jesus regieren wollen, dann sollten Sie nicht versuchen, auf Erden eine großartige Stellung zu erhalten, und diese dann als Ausgangspunkt für noch höhere Ambitionen zu benutzen. Nehmen Sie sich ein Handtuch, eine Schüssel und suchen Sie ein paar schmutzige Füße und nehmen Sie die Rolle eines Dieners ein. Wenn Gott die Zeit für gekommen hält, mag er Sie für geeignet halten, eine verantwortlichere Stellung zu bekleiden. „Demütigt euch nun unter die mächtige Hand Gottes, damit er euch erhöhe zur rechten Zeit" (1Petr 5,6). Es ist zwar gut und schön, ein hohes Amt zu erstreben, doch dieses erreicht man nur durch Demut. Paradoxerweise *finden wir das Erstrebte, nämlich Größe, durch das genaue Gegenteil, nämlich Demut!*

Wenn wir im Reich groß sein wollen, dann müssen wir anfangen, unserem Ehepartner, unseren Kindern und anderen bedürftigen Menschen, denen wir helfen können, zu dienen. Wir müssen unserem natürlichen Streben entsagen, bedient zu werden und statt dessen anfangen zu dienen. Wir sollten die Initiative ergreifen und uns um die Bedürfnisse anderer kümmern. Und wenn Krankheit oder ähnliche Beschränkungen uns am aktiven Dienst hindern, dann sollten wir anderen durch unser Gebet und durch Ermutigung dienen.

Michelangelo, so geht die Sage, sah sich einen Block Marmor an und sagte: „Ich sehe in diesem Block Marmor einen Engel." Gott geht in den Steinbruch der Sünde, nimmt rohe Steine und haut sie in die Gestalt Christi zurecht. Es gefällt ihm, wenn er uns anschaut und wir ihn an seinen einzigen Sohn erinnern, der ein Diener war.

Das Wesen des Lohns

Wenn wir genauer nachfragen, worin der Lohn denn nun besteht, gibt uns die Bibel eine Reihe von Beschreibungen. In der Offenbarung gibt es eine Fülle an sprachlichen Bildern, die uns helfen, das Erbe der Getreuen schon einmal zu besehen.

Besondere Vorrechte

Stellen Sie sich einmal die Großzügigkeit Gottes vor:

- *„Wer überwindet, dem werde ich zu essen geben von dem Baum des Lebens, welcher in dem Paradies Gottes ist"* (Offb 2,7).

- *„Wer überwindet, wird keinen Schaden erleiden von dem zweiten Tod"* (Offb 2,11).

- *„Wer überwindet, dem werde ich von dem verborgenen Manna geben; und ich werde ihm einen weißen Stein geben, und auf dem Stein geschrieben, einen neuen Namen, den niemand kennt, als wer ihn empfängt"* (Offb 2,17).

- *„Und wer überwindet und meine Werke bis ans Ende bewahrt, dem werde ich Macht über die Nationen geben"* (Offb 2,26).

- *„Wer überwindet, den werde ich im Tempel meines Gottes zu einer Säule machen, und er wird nie mehr hinausgehen; und ich werde auf ihn schreiben den Namen meines Gottes und den Namen der Stadt meines Gottes, des neuen Jerusalem, das aus dem Himmel herniederkommt von meinem Gott, und meinen neuen Namen"* (Offb 3,12).

Wir brauchen hier nicht unterbrechen, um solche Abschnitte auszulegen, außer um zu sagen, dass sie alle von den besonderen Vorrechten oder der engen Gemeinschaft mit Jesus sprechen.

Das Essen, das Empfangen eines geheimen Namens oder zur Säule im Tempel Gottes zu werden – all dies spricht von unserer Nähe zu unserem Herrn im Himmel. John Bunyan hatte recht, als er sagte: „Wer Gottes Schoß am nächsten ist, und wer so für ihn handelt, der ist Derjenige, der im Reich der Himmel auch das meiste von Gott genießen kann."[2]

Einige Ausleger bestehen darauf, dass alle Christen Überwinder sind, weil diese Abschnitte nicht davon sprechen, was denen geschieht, die nicht überwinden.

Doch die Warnungen an diese Gemeinden machten deutlich, dass einige Gläubige in ihrem Zeugnis für Jesus keine Überwinder waren. Denn die Verheißungen hier werden auch nicht der Gemeinde allgemein gegeben, sondern Einzelpersonen innerhalb der Gemeinde. Deshalb steht hier immer der Singular: „Wer überwindet."

Eine Theologie, die nicht die Möglichkeit des moralischen und lehrmäßigen Versagens einschließt, bringt uns nicht weiter. Wir haben gehört, dass selbst Paulus seinen Leib züchtigte, damit er nicht disqualifiziert würde. Er lebte in gesunder Furcht davor, dass er in Ehrlosigkeit und Versagen enden könnte. Denken Sie nur an den Mann aus der Gemeinde in Korinth, von dem Paulus schrieb: „Dieser Mensch soll dem Satan übergeben werden zum Verderben des Fleisches, damit der Geist gerettet werde am Tage des Herrn" (1Kor 5,5). Dasselbe konnte man von den Gefährten des Paulus, nämlich Hymenäus und Alexander sagen, die ebenfalls „dem Satan übergeben" wurden, „damit sie ... nicht mehr lästern" (1Tim 1,20).

Natürlich waren alle diese Gläubigen von rechts wegen gerecht und vollkommen vor Jesus. Sie waren von rechts wegen gewissermaßen Überwinder, denn sie wurden von Gott aufgrund des Verdienstes Jesu angenommen. Doch in ihrem *praktischen Leben* waren sie keine Überwinder. Gott ermahnt uns, die Welt zu überwinden und ihren vielfältigen Versuchungen zu widerstehen, weil er sich daran freut, dass wir im Alltag den Sieg darüber haben. Die Tatsache, dass wir in Jesus sicher sind, bedeutet nicht, dass wir nicht schlimm versagen können, und uns dabei der Lohn verloren geht.

Wenn Sie nicht davon überzeugt sind, dass es im Reich Gottes wichtige Unterschiede gibt, dann erinnern sie sich daran, dass Jesus von solchen sprach, die „groß"

im Reich Gottes sind, und von solchen, die „geringer"
im Reich Gottes sind. Und wieder betone ich, dass es im
Himmel nicht zwei Lager geben wird, eines der Reichen,
und eines der Habenichtse. Statt dessen wird es sicherlich viele verschiedene Stufen der Verantwortung geben,
weil es so viele verschiedene Grade an Gehorsam und
Ungehorsam gibt.

Man sollte nicht glauben, dass Lohn, und zwar besonders die Herrschaft mit Christus, für jeden Gläubigen garantiert wären. Wir haben beobachtet, dass fast
immer, wenn erwähnt wird, dass wir mit Jesus herrschen
werden, Bedingungen dafür genannt werden. Leiden
ertragen, Überwindung, Treue – das sind die Eigenschaften, die immer wieder genannt werden. Diese werden
mit besonderen Ehren belohnt.

Besondere Ehren

Lohn ist nicht nur ein Vorrecht, sondern auch eine Ehre.
Weil die Schrift von mehreren Kronen spricht, die den
Treuen verheißen sind, glauben einige Leute, dass unser
Lohn in wirklichen Kronen besteht, die wir dann Jesus
zu Füßen legen. Das hat der Vorstellung Nahrung gegeben, dass Lohn oder mangelnder Lohn in der Ewigkeit
kaum Bedeutung haben. Ob wir eine Krone oder viele
haben, wir legen sie bei einer großen Zeremonie Jesus zu
Füßen und dann wird jeder einfach weitermachen, jeder
mit etwa denselben Vorrechten.

So werden die vierundzwanzig Ältesten niederfal-
len vor dem, der auf dem Thron sitzt, und den
anbeten, der in alle Ewigkeit lebt, und werden ihre
Siegeskränze niederwerfen vor dem Thron und
sagen: Du bist würdig, unser Herr und Gott, die

*Herrlichkeit und die Ehre und die Macht zu neh-
men, denn du hast alle Dinge erschaffen, und deines Willens wegen waren sie und sind sie erschaffen
worden.* (Offb 4,10-11)

Wenn wir im Himmel wirkliche Kronen (Siegeskränze)
bekommen, dann bin ich sicher, dass wir sie froh Jesus zu
Füßen legen werden. Doch ist es zweifellos falsch zu
glauben, dass unser Lohn nur in Kronen und sonst
nichts besteht. Wenn wir mit den Ältesten zusammen
unsere Kronen vor ihm niederlegen, glaube ich, dass er
sie uns zurückgeben wird, damit wir mit ihm gemeinsam
„in alle Ewigkeit" herrschen können (Offb 22,5). Was
immer mit den Kronen geschehen wird, unser Lohn ist
ewig. Lohn besteht in erster Linie nicht in Medaillen,
sondern in besonderen Ehren.

Jesus sprach davon, dass der Lohn eine „Vergeltung"
sei, oder davon, dass wir „Schätze" sammeln sollen oder
auch, dass wir einst mit ihm herrschen (wie im Falle der
Jünger). Paulus und Johannes benutzen den Ausdruck
„Kronen", doch ich glaube, dass dies ein Symbol für
unsere Herrschaft mit Jesus sein soll. Ich glaube, die beiden wären recht erstaunt, wenn sie wüssten, dass einige
Ausleger meinen, dass unser Lohn dann erledigt ist,
wenn wir unsere Kronen Jesus zu Füßen legen.

Obwohl alle Kronen aufgrund unserer Treue verliehen werden, gibt es verschiedene Arten der Treue. Verfolgung ertragen kann jemandem ein Königreich eintra-
gen, während das Ertragen von Leukämie jemandem
anderen dasselbe Vorrecht einbringen kann. Oder vielleicht wird jemand für seine Großzügigkeit über „die
wahren Reichtümer" gesetzt.

Auch ist es möglich, mehr als nur eine Krone zu gewinnen. Das ist ein weiterer Hinweis darauf, dass Kronen und Lohn nicht dasselbe sind. Es wäre schließlich etwas lächerlich, sich gleich fünf Kronen aufsetzen zu wollen. Wenn Sie die folgende Liste durchgehen, dann werden Sie sehen, dass es zwar nicht möglich ist, dass jemand *alle* diese Kronen erlangt, aber es sicherlich möglich ist, mehr als eine zu haben.

Was für Kronen gibt es also? Im Neuen Testament gibt es zwei Wörter, die normalerweise mit „Krone" übersetzt werden. *Stephanos* ist ein Siegeskranz, und *diadem* ist die königliche Krone, die Jesus trägt. In den unten zitierten Stellen steht immer das Wort *stephanos*, eine Krone, die Sieger erhalten.

1. Die Krone der Freude

Die Menschen, die wir zu Jesus geführt haben und deren Glauben wir gefördert haben, sind eine „Krone." Paulus schrieb: „Denn wer ist unsere Hoffnung oder Freude oder Ruhmeskranz – nicht auch ihr? – vor unserem Herrn Jesus bei seiner Ankunft? Denn ihr seid unsere Herrlichkeit und Freude" (1Thes 2,19-20). Das ist ein weiterer Hinweis darauf, dass Kronen mehr als Ehre denn als wörtliche Krone aus irgendeinem himmlischem Metall zu verstehen sind. Wenn wir die Menschen treffen, die wir auf Erden gekannt haben, wird das unsere Krone sein.

2. Die Krone der Herrlichkeit

Für Älteste, die ihren Dienst ordentlich tun, gibt es eine besondere Anerkennung. Petrus schrieb:

Die Ältesten unter euch nun ermahne ich, der Mit-
älteste und Zeuge der Leiden des Christus und

auch Teilhaber der Herrlichkeit, die geoffenbart werden soll: Hütet die Herde Gottes, die bei euch ist, nicht aus Zwang, sondern freiwillig, nicht als die da herrschen über die ihnen anvertrauten Anteile der Herde, sondern indem ihr Vorbilder der Herde werdet. Und wenn der Oberhirte offenbar geworden ist, so werdet ihr den unverwelklichen Siegeskranz der Herrlichkeit empfangen. (1Petr 5,1-4)

Wieder wird hier der Lohn für Treue erwähnt. Wir sollten nicht denken, dass wir Älteste im Himmel daran erkennen können, dass sie eine Krone tragen, die sich von der der anderen unterscheidet. Treue beim Hirtenamt auf Erden wird besondere Ehre vom Guten Hirten im Himmel zur Folge haben.

3. Die Krone der Gerechtigkeit

Wir haben schon gelernt, dass diese Krone denen gegeben wird, die eifrig die Wiederkunft Christi erwarten.

Denn ich werde schon als Trankopfer gesprengt und die Zeit meines Abscheidens steht bevor. Ich habe den guten Kampf gekämpft, ich habe den Lauf vollendet, ich habe den Glauben bewahrt; fortan liegt mir bereit der Siegeskranz der Gerechtigkeit, den der Herr, der gerechte Richter, mir zur Vergeltung geben wird an jenem Tag: nicht allein aber mir, sondern auch allen, die seine Erscheinung lieben. (2Tim 4,6-8)

Alle Christen empfangen die Gerechtigkeit Christi, denn ohne diese wären sie verloren. Diese Krone ist ein Hinweis darauf, dass diese Gläubigen auf besondere Art die Gerechtigkeit genießen werden, weil sie Jesus besonders geliebt haben. Paulus möchte, dass wir verstehen, dass Liebe zu Jesus die Aufmerksamkeit dessen, den wir lieben, auf sich zieht.

4. Die Krone des Lebens

Diese Krone erhalten diejenigen, die Leiden zusammen mit Versuchung erfolgreich ertragen. „Glückselig der Mann, der die Versuchung erduldet! Denn nachdem er bewährt ist, wird er den Siegeskranz des Lebens empfangen, den er denen verheißen hat, die ihn lieben" (Jak 1,12).

Dieselbe Krone erhalten auch die Märtyrer. „Fürchte dich nicht vor dem, was du leiden wirst! Siehe, der Teufel wird einige von euch ins Gefängnis werfen, damit ihr geprüft werdet, und ihr werdet Drangsal haben zehn Tage. Sei treu bis zum Tod, und ich werde dir den Siegeskranz des Lebens geben" (Offb 2,10). Selig sind, die ihre Treue zu Jesus trotz der Verführung unserer Seelen oder den Anfechtungen auf unserem Weg festhalten. Die Anfechtungen der Braut sind vom Bräutigam sorgfältig geplant worden! Erinnern Sie sich, das Ziel ist Treue, damit wir würdig zur Herrschaft befunden werden.

Alle Christen erhalten das ewige Leben. Die Krone des Lebens ist hier offensichtlich ein besonderer Lebensgenuss, weil man im Ertragen der Härten des Lebens treu war. So sehen wir wieder, dass die Kronen Symbole für Vorrechte und die dazugehörige Verantwortung sind.

5. Krone des Vollbringens

Diese Krone erhalten diejenigen, die den Wettlauf erfolgreich beenden. „Jene freilich, damit sie einen vergängli-

chen Siegeskranz empfangen, wir aber einen unvergänglichen" (1Kor 9,25b). Diese Kronen erhalten alle, die den
Preis des Opfers und der Selbstbeherrschung gezahlt
haben, um am christlichen Wettlauf teilzunehmen. Diese
Krone ist für die bestimmt, die die Sünden des Leibes
gemeistert haben und ihn in Zucht halten.

Besondere Verantwortung

Nun kommen wir zum abschließenden Thema, zu dem
Ziel, auf das der Erlösungsplan ausgerichtet ist. Wie wir
schon in einem früheren Kapitel gesagt haben, war es
Gottes ewiger Plan, eine Braut zu finden, die mit Jesus
herrschen und mit ihm auf dem Thron des Universums
sitzen würde.

Über was werden wir herrschen? Was wird unser
Verantwortungsbereich sein? Natürlich können wir diese Frage nicht in allen Einzelheiten beantworten, doch
gibt uns die Schrift genügend Auskunft darüber, um uns
einen kleinen Blick in die Zukunft tun zu lassen. Wir
sehen mittels eines Spiegels undeutlich, doch etwas sehen wir immerhin.

Unsere erste Gelegenheit zur Herrschaft über die
Erde wird im Tausendjährigen Reich sein. Jesus hat den
zwölf Aposteln zwölf Throne verheißen, doch kann es
sein, dass es noch viele andere Throne geben wird. Wenn
nicht, werden wir unterschiedliche Verantwortung bekommen, Aufgaben, die unserer Treue unseres hier auf
der Erde geführten Lebens entsprechen. Der Prophet
Daniel sah das Erbe der Heiligen als Herrschaft: „Aber
die Heiligen des Höchsten werden das Reich empfangen,
und sie werden das Reich besitzen in Ewigkeit, ja bis in
die Ewigkeit der Ewigkeiten" (Dan 7,18).

Nach dem Tausendjährigen Reich beginnt ein neuer Abschnitt der Ewigkeit. Das Neue Jerusalem wird von Gott vom Himmel herabkommen. Unsere Aufgabe, mit Jesus zu herrschen, wird weitergeführt werden, doch an einem neuen Ort. „Und Nacht wird nicht mehr sein, und sie bedürfen nicht des Lichtes einer Lampe und des Lichtes der Sonne, denn der Herr, Gott, wird über ihnen leuchten, und sie werden herrschen in alle Ewigkeit" (Offb 22,5).

Diese Regel wird für alle Ewigkeit gelten. Paulus argumentierte, dass einer der Gründe, weshalb Christen einander nicht vor Gericht verklagen sollten, darin besteht, dass wir uns in dieser Welt auf Aufgaben vorbereiten, die wir in der zukünftigen Welt haben werden. Er schreibt: „Oder wisst ihr nicht, dass die Heiligen die Welt richten werden? Und wenn durch euch die Welt gerichtet wird, seid ihr dann nicht würdig, über die geringsten Dinge zu richten? Wisst ihr nicht, dass wir Engel richten werden, wieviel mehr über Alltägliches?" (1Kor 6,2-3).

Wir werden Engel richten, nicht in dem Sinne, dass sie zur Rechenschaft gezogen werden müssten, sondern in dem Sinne, dass wir über sie herrschen werden. Das ist es wahrscheinlich, was Satan so zornig macht. Die Tatsache, dass sündige menschliche Wesen, die sich im Garten Eden auf seine Seite geschlagen hatten, über das Engelreich erhoben werden, zu dem er einmal gehört hat, ist mehr als er ertragen kann.

In Ewigkeit herrschen

Als die Wissenschaftler anfingen, die Größe des Universums zu begreifen, schien die Stellung des Menschen im Kosmos immer unbedeutender. Schließlich ist der Mensch nur ein Staubkörnchen im All, wenn das Universum 20 Milliarden Lichtjahre Durchmesser hat, und es Sterne gibt, die Millionen mal größer sind als unsere Erde. Mit David fragen wir uns: „Was ist der Mensch, dass du sein gedenkst, und des Menschen Sohn, dass du dich um ihn kümmerst?" (Ps 8,5).

Die Entdeckung der Größe des Universums verkleinert jedoch nicht die Rolle des Menschen, sondern unterstreicht ihre Bedeutung. Denn wenn Jesus über alles herrschen wird und wir mit ihm, dann werden wir über alle Galaxien herrschen und Jesu Herrschaft über das ganze Universum bestätigen.[3]

Die Wissenschaft berichtet uns, dass es so viele Sterne im Universum gibt, wie es Sandkörner an den Stränden der Welt gibt. Es ist undenkbar, das auch nur einer davon sich ziellos im Raum bewegt, ohne der Verherrlichung Gottes zu dienen. Auf gewisse Weise, die wir nicht verstehen können, werden alle Dinge unter der Herrschaft Christi stehen und wir werden Teil an dieser ewigen Herrschaft haben.

Daniel sagte das endgültige Schicksal derer voraus, die dem Allmächtigen gehören: „Und die Verständigen werden leuchten wie der Glanz der Himmelsfeste und die, welche die vielen zur Gerechtigkeit gewiesen haben, leuchten wie die Sterne immer und ewig" (Dan 12,3). Unwürdig wie wir sind – dort werden wir sein und nach Jesu Anweisungen regieren. Vielleicht werden alle Gläubigen wie Sterne leuchten, aber einige werden heller leuchten als andere.

Wir können uns einen Fabrikarbeiter vorstellen, der hier auf Erden keinerlei Anerkennung erhalten hat, und der nun in die Höhen einer Herrschaft mit Jesus auf dem himmlischen Thron erhoben ist. Und da ist eine Frau, die behindert war, die die körperlichen Schmerzen der Parkinson'schen Krankheit ertragen musste, aber auch als Kind seelischen Schmerz zu ertragen hatte, was eine Gabe von Gott war, um ihren Glauben zu stärken. Sie betete für andere, ermutigte sie, und führte ihr Leben im Glauben an ihren Herrn. Nun regiert sie in ihrem verherrlichten Leib. Dabei nützt sie ihre neue Stellung nicht aus, sondern ordnet sich Jesus unter. Endlich versteht sie, was Paulus meinte, als er sagte: „Denn ich denke, dass die Leiden der jetzigen Zeit nicht ins Gewicht fallen gegenüber der zukünftigen Herrlichkeit, die an uns geoffenbart werden soll" (Röm 8,18). Ihr Wesen auf Erden bestimmte die jetzigen Freuden.

Im Jahr 1881 hatte der König Karl von Rumänien keine Krone. Er verlangte, dass man eine neue aus dem Metall machen sollte, welches das Volk im Kampf erobern würde. Die Krone wurde durch das Leben von vielen Rumänen erkauft. Ebenso wird die Krone, die wir tragen, das Ergebnis unserer erfolgreich getragenen Leiden mit Jesus auf Erden sein. Jesus litt unermesslich für uns, damit wir für immer im Himmel sein können. Unser Leiden fügt seinem vollendeten Werk für uns nichts hinzu. Doch das Leben, das wir nach unserer Bekehrung führen, bedingt die Kronen, die wir im Himmel genießen werden.

Was, wenn es Christen gibt, die nicht mit Jesus herrschen, oder denen im Reich Gottes weniger Verantwortung übertragen wird? Sie werden sicher nicht die beneiden, die über ihnen stehen. Der Himmel, so sagt Jonathan Edwards, wird sogar so sündenfrei sein, dass wir uns so darüber freuen, wenn andere geehrt werden, als ob wir selbst geehrt würden. Wir werden es nicht bedauern, dass andere über uns stehen, doch wir werden bereuen, dass wir Jesus nicht so gut gedient haben, wie wir konnten.

Irgendwo habe ich eine Geschichte von einem reichen Ehepaar gelesen, das einen Sohn hatte, den es innig liebte. Unglücklicherweise starb die Mutter, und der Vater musste alleine für den Jungen sorgen. Er wusste, dass er den Jungen nicht alleine großziehen konnte, deshalb stellte er eine Haushälterin ein, die den Jungen erzog. Sie kam, um diesen Sohn so zu lieben, als wäre er ihr eigener.

Der Junge bekam eine schlimme Krankheit und starb früh. Schon bald darauf starb auch der Vater an gebrochenem Herzen. Und weil kein Testament zu finden war, wurde die Entscheidung gefällt, seinen persönlichen Besitz dem Meistbietenden zu versteigern.

Die Haushälterin ging zu der Auktion, und zwar nicht, weil sie sich die teuren Möbelstücke oder die erlesenen Antiquitäten hätte leisten können. Sie kam, um ein Bild des Jungen zu ersteigern, das im Wohnzimmer der Familie gehangen hatte. Als dieses Bild versteigert wurde, brauchte sie nur wenige Pfennige dafür zu bezahlen.

Als die Frau das Bild mit nach Hause genommen hatte, bemerkte sie, dass auf der Rückseite ein Stück Papier angebracht war. Es war das Testament des Vaters in seiner eigenen Handschrift, in dem es schlicht hieß: „Ich vermache mein Eigentum demjenigen, der meinen Sohn lieb genug hatte, um sein Bild zu kaufen."

Gott, der Vater, liebt seinen Sohn. Und wenn wir ihn lieben, wird der Vater keine Mühe scheuen, um uns zu segnen und uns sogar das Vorrecht der Herrschaft mit ihm einräumen. „Er, der doch seinen eigenen Sohn nicht verschont, sondern ihn für uns alle hingegeben hat: wie wird er uns mit ihm nicht auch alles schenken?" (Röm 8,32).

Ja, wenn wir Jesus haben, dann sind wir großzügig belohnt. Und für diejenigen, die treu sind, gibt es die Aussicht, mit ihm in Ewigkeit zu herrschen. Dass Gott denen so gnädig sein sollte, die einst seine Feinde waren, ist das Kernstück des Evangeliums. An dieser Stelle begegnen wir dem Geheimnis der unvergleichlichen Gnade Gottes.

Kommen Sie mit mir in die Stadt Rom mit ihren Kirchen, Skulpturen und Monumenten. Sehen Sie sich die Pyramiden in Ägypten oder das Schloss von Versailles an. Besuchen Sie die Wolkenkratzer New Yorks und die exklusiven Läden in Chicagos Michigan Avenue. Verbringen Sie ihr Leben damit, Kunst und die große Literatur der Welt zu studieren.

Und nun vergleichen Sie diese Errungenschaften mit unserem ewigen Erbe. Der Kontrast ist großartig und ergreifend.

Es wird aber der Tag des Herrn kommen wie ein Dieb; an ihm werden die Himmel mit gewaltigem Geräusch vergehen, die Elemente aber werden in Brand aufgelöst und die Erde und die Werke auf ihr im Gericht erfunden werden. Da dies alles so aufgelöst wird, was für Leute müsst ihr dann sein in heiligem Wandel und Gottseligkeit, indem ihr die Ankunft des Tages Gottes erwartet und beschleunigt, um dessentwillen die Himmel in Feuer geraten und aufgelöst und die Elemente im Brand zerschmelzen werden. Wir erwarten aber nach seiner Verheißung neue Himmel und eine neue Erde, in denen Gerechtigkeit wohnt.
Deshalb, Geliebte, da ihr dies erwartet, befleißigt euch, unbefleckt und tadellos von ihm im Frieden erfunden zu werden. (2Petr 3,10-14)

Was für heilige und fromme Menschen sollten wir doch sein! Als Sir Walter Raleigh seinen neuen Mantel auf die Erde breitete, damit Königin Elisabeth gehen konnte, ohne ihre Schuhe zu beschmutzen, wusste er, dass es keinen Preis gibt, der für ein Mitglied des Königshauses zu hoch wäre. Was er auch tun konnte, um die Königin von England zu ehren, sollte getan werden. Und was immer wir tun können, um den König der Könige zu ehren, sollte *jetzt* geschehen. Und mit allem, was wir haben.

Der Vorhang zu diesem irdischen Drama wird sich schließen, doch er wird sich in der Ewigkeit öffnen. Was wir dort erleben wird zu einem gewissen Teil davon bestimmt, was für ein Leben wir hier auf Erden geführt haben. Nur in diesem Leben können wir die Ewigkeit beeinflussen, die wir genießen werden. Denn heute werden wir zu dem Menschen, der wir in alle Ewigkeit bleiben werden.

„Siehe, ich komme bald und mein Lohn mit mir, um einem jeden zu vergelten, wie sein Werk ist" (Offb 22,12).

Ja, Herr Jesus, komme bald.

KAPITEL 10

Das Gericht
beim Grossen Weissen Thron

Als ich ein Teenager war, spielte ich sehr gerne Monopoly. Ich versuchte, das teuerste Grundstück zu kaufen, und wenn ich Glück hatte, dann musste mein Gegner eine stattliche Summe für seinen kurzen Aufenthalt auf der „Schlossallee" zahlen. Doch wenn einer von uns bankrott war, dann haben wir einfach das Spielgeld und die Besitzkarten wieder in die Schachtel geräumt. Das Spiel war vorbei.

Ist das mit unserem Leben genauso? Stimmt es, dass nach unserem Ableben einfach alles wieder in die Schachtel geräumt wird und das Spiel vorbei ist? Hat der Aufkleber recht, der sagt: „Wer das meiste Spielzeug hat, gewinnt"?

Nein. Das Leben ist ein *ewiges* Spiel. Wenn es hier zu Ende ist, werden Sie und ich vorsichtig in eine „Schachtel" gelegt, doch das Spiel, das wir hier gespielt haben, wird im Leben nach dem Tod weitergehen. Wir werden Gott begegnen müssen. Der Tod ist nicht eine dicke Mauer, sondern ein weicher, nachgiebiger Vorhang, durch den wir nicht hindurchsehen können, jedoch ein Vorhang, der uns dennoch lockt.

Dieses Buch ist als Studie dem Richterstuhl Christi gewidmet, zu dem alle Christen vorgeladen werden.

Doch gibt es noch ein anderes Gericht, und auch diesem kann niemand entgehen. Bei ihm werden die Namen aller aufgerufen werden, die nicht die Vergebung des Herrn erlangt haben.

Die Bibel beschreibt dieses Gericht:

Und ich sah einen großen weißen Thron und den, der darauf saß, vor dessen Angesicht die Erde entfloh und der Himmel, und keine Stätte wurde für sie gefunden. Und ich sah die Toten, die Großen und die Kleinen, vor dem Thron stehen, und Bücher wurden aufgeschlagen; und ein anderes Buch wurde aufgeschlagen, welches das des Lebens ist. Und die Toten wurden gerichtet nach dem, was in den Büchern geschrieben war, nach ihren Werken. Und das Meer gab die Toten, die in ihm waren, und der Tod und der Hades gaben die Toten, die in ihnen waren, und sie wurden gerichtet, ein jeder nach seinen Werken. Und der Tod und der Hades wurden in den Feuersee geworfen. Dies ist der zweite Tod, der Feuersee. Und wenn jemand nicht geschrieben gefunden wurde in dem Buch des Lebens, so wurde er in den Feuersee geworfen. (Offb 20,11-15)

Stellen wir uns einmal diese Szene vor: eine große Menge Leute, viele lange Schlangen. Die Millionen aus den Nationen dieser Welt, alle versammelt in der Gegenwart des Einen, der auf dem Thron sitzt, des Einen, der jeden einzelnen genau betrachtet.

Wir sind an menschliche Richter gewöhnt; wir wissen, dass ihr Urteil parteiisch und unvollkommen ist. In der Gegenwart des Allmächtigen werden alle früheren Urteile gegenstandslos sein. Viele Männer und Frauen, die auf Erden freigesprochen wurden, werden nun vor Gott für schuldig befunden werden. Männer, die Vergünstigungen gewohnt waren, besondere Vorrechte hatten und von Anwälten verteidigt wurden, stehen jetzt nackt in der Gegenwart Gottes. Zu ihrem Erschrecken werden sie nach einem Maßstab gemessen, der ihre Möglichkeiten um Lichtjahre überschreitet: dem Maßstab Gottes. Es erstaunt nicht, dass sie etwas fühlen, das ein Ausleger einmal „ungewohnte Schrecklichkeit" genannt hat.

Eine Beschreibung der Angeklagten

Zum ersten Mal in ihrem Leben stehen sie in der Gegenwart unverhüllter Gerechtigkeit. Ihnen werden Fragen gestellt, auf die sie keine Antwort wissen. Ihr Leben wird ihnen vor Augen stehen; und unglücklicherweise sind sie zu einer schrecklichen, ewigen Existenz verurteilt.

Was erkennen wir, wenn wir diese Szene betrachten?

Ihre Unterschiedlichkeit

Die einzelnen, die dort vor dem Thron stehen, sind unterschiedlich groß. „Ich sah die Toten, die Großen und die Kleinen, vor dem Thron stehen" (V. 12). Menschen, die sich auf Erden nie begegnet sind, kommen hier zusammen: der Anwalt, der Ladenbesitzer, der Bauer und der König. Diejenigen, die auf Erden ein zurückgezogenes Leben der Muße führten, erwachen in einem Reich, in dem menschliche Unterschiede nicht mehr zählen. Die Toten aller Zeitalter stehen beieinander: Schwarze, Weiße, Gelbe, Braune.

Es gibt Menschen der verschiedenen Epochen und Zivilisationen. „Das Meer gab die Toten, die in ihm waren, und der Tod und der Hades gaben die Toten, die in ihnen waren" (V. 13). Wir denken an Menschen, die gestorben sind, ehe Jesus auf die Erde kam, und solche, die den Gott Abrahams, Isaaks und Jakobs abgelehnt haben. Dann denken wir an Menschen, die nach Christus gelebt haben, ihn aber mit vornehmer Gleichgültigkeit behandelt haben.

Wir denken an Asien mit seinen Milliarden Menschen. Wir denken an China, Japan, Russland und Europa. Wir denken an Amerika, Nord-, Süd- und Mittelamerika. Hier sind nicht nur Menschen, die zur Zeit der Erzväter gelebt haben, sondern auch solche, die Kaiser Wilhelm oder Kennedy erlebt haben.

Keiner kann um Verschiebung seiner Verhandlung bitten. Jeder einzelne weiß, dass seine Seele unsterblich ist, er weiß, dass es nur noch um seine Existenz geht. Und nun ist es zu spät, noch sein Schicksal zu verändern.

Diese Menschenmenge gehört den verschiedensten Religionen an. Wir sehen Buddhisten, Moslems, Hindus, Protestanten und Katholiken. Wir sehen Menschen, die an einen Gott, und Menschen, die an viele Götter geglaubt haben. Wir sehen auch solche, die sich geweigert haben, überhaupt an einen Gott zu glauben. Wir sehen diejenigen, die glaubten, dass Meditation ein Mittel zur Erlösung sei, ebenso wie diejenigen, die glaubten, dass gute Taten der Weg zum ewigen Leben sind. Wir sehen Moral und Unmoral, Priester und Pfarrer, sogar Nonnen und Missionare.

Ihr gemeinsames Schicksal

Die Bücher sind weit geöffnet und die Vergangenheit wird allen vor Augen geführt. Einzelheiten, die schon lange vergessen sind, werden ans Licht gebracht – die guten, die schlechten und die hässlichen. Viele können eine Litanei von guten Taten herunterbeten: Barmherzigkeit, Liebe und Opfer. Da ist ein Priester, der Menschen besucht hat, neben dem protestantischen Pfarrer, der sein Leben mit der Hilfe für Arme und der Ausbreitung von Gerechtigkeit zugebracht hat. Da ist der arme Bettler neben dem reichen Radscha.

Ihre guten Taten werden sorgfältig beurteilt, doch keiner wird genug haben, um in den Himmel aufgenommen zu werden. Doch die guten Taten werden ihre Strafe im Feuersee erträglicher gestalten. Sie werden aufgrund dessen beurteilt, was sie mit ihrem Wissen oder dem, was sie hätten wissen können, gemacht haben. Deshalb wird die Hölle nicht für alle gleich aussehen.

Wie genau wird das Urteil nun sein? Jonathan Edwards schreibt, dass es genauer nicht sein könnte. Sünder werden wünschen, dass sie nur ein bisschen weniger Böses getan hätten, damit ihre Strafe ein wenig erträglicher wäre. Verleger von Pornografie werden wünschen, ein paar Hefte weniger herausgebracht zu haben, Menschen, die alles unter Kontrolle haben wollten, werden wünschen, dass sie weniger ärgerlich und andere verletzend gewesen wären, Abtreibungsärzte werden wünschen, dass sie weniger ungeborene Kinder ermordet hätten. Und all das würde die Strafe wenigstens etwas geringer machen.

> Gottes Mühlen mahlen langsam,
> mahlen aber trefflich klein,

Ob aus Langmut er sich säumet
bringt mit Schärf er alles ein.
(Friedrich von Logau, „Göttliche Rache")

Die Gerechtigkeit wird an Gerichtsgebäuden häufig durch die Frau „Justitia" dargestellt, die verbundene Augen hat und eine Waage in der Hand hält. Diese symbolisiert, dass sie unparteiisch urteilt, ohne eine Partei zu bevorzugen. Doch bei Gott ist es anders: Er urteilt mit offenen Augen, mit Augen wie Feuer, die selbst den hartherzigsten Verbrecher noch durchdringen können. Er kennt nicht nur die Einzelnen, sondern auch ihre Eltern, Brüder und Schwestern, er sieht die Gelegenheiten, die sie hatten und bezieht auch Zwangslagen in das Urteil ein. Es wird sorgfältig Gerechtigkeit angewendet. Nichts wird übersehen.

Ihre gemeinsame Bestimmung

Warum haben gute und schlechte Menschen dasselbe Schicksal? Nun, die guten waren nicht gut genug! Wer in den Himmel kommen will, muss so gut sein wie Gott selbst, und das kann niemand sein. Sogar die hingegebensten religiösen Menschen werden entdecken, dass sie die Herrlichkeit Gottes nie teilen können.

Zusätzlich zu dem Buch, das eine Liste ihrer Taten darstellt, gibt es noch ein zweites mit dem Namen „Buch des Lebens." Dieses Buch wird symbolisch von oben nach unten durchgegangen, doch niemand von denen, die vor dem weißen Thron stehen, sind in diesem Buch verzeichnet. Wenn ihre Namen darin gestanden hätten, dann wären diese Glücklichen schon im Himmel und wären beim Richterstuhl Christi erschienen (weiter vorne im Buch besprochen).

Wir lesen: „Und wenn jemand nicht geschrieben gefunden wurde in dem Buch des Lebens, so wurde er in den Feuersee geworfen" (Offb 20,15). Sie müssen gehorsam in die Finsternis gehen. Wir erinnern uns an die Worte Dantes, die wir schon längst vergessen hatten: „Die ihr hier eintretet, lasst alle Hoffnung fahren!"

Ist der Feuersee eine gerechte Strafe für die, die sich in dieser schrecklichen Lage befinden? Was ist mit denen, die viele gute Taten in ihrem Lebensbericht aufzuweisen haben? Scheint die Strafe nicht schlimmer als das Vergehen verlangt?

Wir müssen hier vorsichtig vorgehen.

Was ist, wenn es wahr ist, wie Jonathan Edwards schreibt, dass die Größe der Sünde sich an dem ermisst, gegen den gesündigt worden ist? Wenn das der Fall ist, dann ist selbst die kleinste Sünde eine ernstzunehmende Handlung gegen Gott. Die Hölle existiert, weil Ungläubige auf ewig schuldig sind. Kein Leiden eines Menschen kann je eine Bezahlung für Sünde sein. Wenn menschliche Leiden Sünde auslöschen könnten, dann würde der Feuersee irgendwann zu Ende gehen.

Auch sollten wir dabei beachten, dass Ungläubige „nach ihren Werken" (V. 12-13) beurteilt werden. Das bedeutet, dass sie gerecht gerichtet werden. Jemand, der noch nie von Jesus gehört hat, wird sicherlich milder bestraft als jemand, der ihn absichtlich abgelehnt hat. Der Gute wird weniger schlimm bestraft als ein Verbrecher.

Wenn ein Mann ohne Kenntnis des Evangeliums aufgewachsen ist, dann wird dies in Betracht gezogen: Er wird gerecht beurteilt. Auch seinen Eltern wird ein Teil der Schuld zugeschrieben, die das Kind nicht lehrten, als es heranwuchs. Eltern, Großeltern, Gelegenheiten und

Hindernisse – all dies wird für das endgültige Urteil bestimmend sein.

Nach unserem Denken mag die Hölle ungerecht sein. Doch wir sind nicht gefragt, die Regeln zu erstellen, nach denen das Spiel des Lebens gespielt wird. Weil das Universum Gott gehört, regiert er es nach seinen ewigen Vorstellungen. Wir müssen uns seiner Autorität beugen und glauben, dass er letztendlich alles richtig macht.

Was den Angeklagten fehlte

Was diese Millionen von Menschen verbindet ist die allgemeine Ansicht, dass sie von Gott angenommen werden, weil sie gut sind. Fast alle Religionen der Welt lehren, dass wir in der Lage sind, uns selbst zu retten, wenn wir moralisch einwandfrei leben, wenn wir unseren Nächsten respektvoll behandeln und „unser Bestes tun." Die Einzelheiten sind überall etwas anders, aber letztlich ist die Grundlage dieselbe. Diesen Menschen fehlt die Gerechtigkeit, die Gott für den Eintritt in den Himmel verlangt.

Das Problem ist, wie ich schon erwähnt habe, dass wir so gut wie Gott sein müssen, um die Ewigkeit bei ihm zuzubringen. Und weil das unmöglich ist, ist unsere einzige Hoffnung, auf Jesus zu vertrauen, der gestorben ist, damit wir durch seinen „Wert" errettet werden. Mit anderen Worten, wenn wir an Jesus glauben, wird seine Gerechtigkeit auf unserem Konto gutgeschrieben, so dass wir vom Gesetz her für vollkommen wie Gott erklärt werden. So werden viele Millionen, die ihr Vertrauen auf Jesus allein gesetzt haben, die Herrlichkeit des Himmels erleben, während Millionen andere im Feuersee dahinvegetieren.

Es wäre ein großer Fehler zu denken, dass diejenigen,

die beim Gericht des Großen Weißen Throns erscheinen müssen, nach einem anderen Maßstab beurteilt werden als die Christen, die in den Himmel kommen. Gott ist gerecht, und er muss von jedem Sünder dasselbe erwarten.

Hier ist jedoch der große Unterschied: Jesus hat den Zorn Gottes für die Menschen getragen, die an ihn glauben. Er, als Mensch und Gott, nahm persönlich die Strafe Gottes auf sich, so dass alle, die an ihn glauben, vor dem Feuersee bewahrt werden. Entweder müssen wir für immer die Strafe für unsere Sünden tragen, oder unsere Sünden müssen auf ein ewiges Wesen gelegt werden, nämlich Jesus. Sei es wie es will, Gott ist auf jeden Fall gerecht.

Das erklärt, warum nur die Menschen, die an Jesus glauben, vor dem ewigen Zorn Gottes sicher sind. Jesu Leiden erreichte in wenigen Stunden, was rein menschliches Leiden niemals erreichen kann. Jesus ist unser Sünden-Bock, der unsere Sünde trägt, unser Schutz, unser Retter. Er vergibt uns und versöhnt uns mit Gott. „Also gibt es jetzt keine Verdammnis für die, welche in Christus Jesus sind" (Röm 8,1).

Wenn Sie bisher noch nicht an Jesus glauben oder unsicher sind, ob Sie ihm Ihr Leben schon anvertraut haben, hier ist ein Gebet, das ihr Verlangen nach Glauben festmacht.

Gerechter Gott,
Ich weiß, dass ich ein Sünder bin. Ich kann mich nicht selbst von meinen Sünden erlösen. Ich weiß auch, dass ich dein Urteil verdient habe. Ich will so gut ich kann an Jesus allein glauben. Ich nehme seinen Tod am Kreuz für mich in Anspruch. Ich bin dankbar, dass er meine Strafe getragen hat und nehme sein Opfer für mich jetzt an. Ich

danke dir, dass Jesus gestorben und von den Toten wieder auferstanden ist und im Triumph in den Himmel aufgefahren ist. Heute nehme ich ihn als meinen persönlichen Erretter an. „So viele ihn aber aufnahmen, denen gab er das Recht, Kinder Gottes zu werden, denen, die an seinen Namen glauben" (Joh 1,12).

Danke, dass du mich gehört hast. Amen.

Wenn Sie dieses Gebet im Glauben nachgesprochen haben, dann wird Gott Ihre Entscheidung durch seine Verheißungen und das Werk des Heiligen Geistes in Ihrem Herzen bestätigen. Sie sind nun ein Mitglied der Familie Gottes, mit allen Rechten und Vorrechten, die das mit sich bringt. Sie werden beim Richterstuhl Christi erscheinen, dem *bema*, und nicht mehr im Gericht beim Großen Weißen Thron.

Während der Ewigkeit werden wir singen:

> *Groß und wunderbar sind deine Werke, Herr, Gott, Allmächtiger! Gerecht und Wahrhaftig sind deine Wege, o König der Nationen! Wer sollte nicht fürchten, Herr, und verherrlichen deinen Namen? Denn du allein bist heilig; denn alle Nationen werden kommen und vor dir anbeten, weil deine gerechten Taten offenbar geworden sind.* (Offb 15,3-4)

Alle Ehre sei Gott allein, jetzt und in Ewigkeit.

Anmerkungen

Kapitel 1

1. Zitiert nach: Iosif Ton, *„Suffering, Matyrdom and Rewards in Heaven"* (Th.D. diss, Evangelische Theologische Facultiet, Haverlee/Löwen 1996, S. 477.
2. Zitiert in: Jim Elliff, „The Starving of the Church", in: *Reformation and Rivival: A Quarterly Journal for Church Leadership*, Jg. 1, Nr. 3 (1992), S. 116.
3. Ton, a. a. O., S. 280.
4. Vergl. auch A. J. Gordon, *Ecce Venit: Behold, he Cometh.* New York: Revell 1889, S. 271.

Kapitel 2

1. Joe E. Wall, *Going for the Gold.* Chicago: Moody 1991, S. 32.
2. Jim Elliff, „The Starving of the Church," in: *Reformation and Rivival: A Quarterly Journal for Church Leadership*, Jg. 1, Nr. 3 (1992), S. 115.
3. Philip Edgcombe Hughes, *Paul's Second Epistle to the Corinthians*, New International Commentary on the New Testament. Grand Rapids: Eerdmans 1962, S. 180.
4. Woodrow Kroll, *Tested by Fire.* Neptune, NJ: Loiseaux 1977, S. 51.
5. Hughes, S. 182.

KAPITEL 3

1. Paul Billheimer, *Destined for the Throne*. Fort Washington, Pa.: Christian Literature Crusade 1975, S. 37. Der Autor entwickelt das Konzept, dass das endgültige Ziel unserer Versuchungen auf Erden ist, dass wir ausgebildet werden, einmal mit Jesus zu herrschen. Einige der Gedanken in diesem Kapitel entstanden, als der Autor dieses herausfordernde Buch las.
2. Ebd. S. 15.

KAPITEL 4

1. Anthony A. Hoekema, *The Bible and the Future*. Grand Rapids: Eerdmans 1979, S. 259.
2. John Murray, *Lectures in Systematic Theology*, in: *Collected Writings of John Murray Bd. 2*, Carlisle, Pa: Banner of Truth 1977, S. 414-415.
3. Woodrow Kroll, *Tested by Fire*, Neptune, NJ: Loiseaux 1977, S. 108.
4. Joseph C. Dillow, *The Reign of the Servant Kings*. Miami: Schoettle 1992, S. 137. Dieses ausführliche Buch versucht zu zeigen, dass die ewige Bestimmung des Gläubigen gesichert ist, dass aber der Lohn im Himmel vom Gehorsam abhängt. Der Autor fängt mit dem Alten Testament an und arbeitet sich durch alle relevanten Textstellen.
5. Die Frage ob „das Reich erben" dasselbe ist, wie in es hineinzukommen, würde eine Diskussion notwendig machen, die weit über die Aufgabe dieses Buches hinausgeht. R. T. Kendall nennt in seinem Buch *Once Saved Always Saved* (Chicago: Moody 1983) ausführlich Argumente, die zeigen, dass alle Christen in das Reich kommen, es aber nicht „erben" (S. 119-134).

Joseph Dillow unterstützt diese Hypothese und zeigt ausführlich, dass diese Interpretation das Verständnis der relevanten Texte wesentlich erleichtert.

6. Zitiert bei Dillow, S. 546.
7. Warren W. Wiersbe, *The Bible Exposition Commentary*, Bd.1. Wheaton: Scripture Press 1989, S. 92.
8. Zitiert bei Dillow, S. 532.

KAPITEL 6

1. Williard Cantelon, *The Day the Dollar Dies: Biblical Prophecy of a New World System in the End Times.* Plainfiled, N. J.: Logos International 1973, S. vi-vii.

KAPITEL 8

1. John Piper, *Desiring God*. Portland, Ore.: Multnomah 1986, S. 203.
2. Ebd., S. 199.

KAPITEL 9

1. Iosif Ton, „*Suffering, Martyrdom and Rewards in Heaven*", Theolog. Diss. der Evangelische Theologische Faculteit, Heverlee/Leuben (Belgien) 1996.
2. Zitiert in: Randy Alcorn, *Money, Possessions and Eternitiy*. Wheaton, Ill: Tyndale 1989, S. 157.
3. Joseph Dillow, *The Reign of the Servant Kings*. Miami: Schoettle 1992, S. 563.

Weitere Bücher von Erwin Lutzer:

Sicher ins Ziel

Wie kann ich wissen,
dass ich in den Himmel komme?

Taschenbuch
192 Seiten
Bestell.-Nr. 273157
DM/SFR 7,80, ÖS 57,00

„Man kann einen Fehler in der Rentenberechnung machen, man kann an den falschen Fußballverein glauben, man kann auch einen verkehrten Beruf ergreifen, aber Sie sollten sich keinen Fehler in Hinsicht auf Ihren Aufenthaltsort in der Ewigkeit leisten."

In diesem Buch erklärt der bekannte Autor, warum man wissen kann, wo man die Ewigkeit zubringt. Er behandelt u. a. folgende Fragen:
- Warum betonte Jesus Christus, daß viele religiöse Menschen einmal vor verschlossenen Himmelstüren stehen werden?
- Wie vollkommen muß man sein, um in den Himmel zu kommen?
- Ist es vermessen, über seine ewige Zukunft Gewißheit zu haben?
- Was ist, wenn man Zweifel an der Errettung hat?

Dieses Buch ist für jeden, der die Frage nach seiner Zukunft nicht klar beantworten kann.

Fünf Minuten nach dem dem Tod

Taschenbuch
160 Seiten
Bestell.-Nr. 273157
DM/SFR 9,80, ÖS 72,00

Der Autor nimmt in diesem Buch u. a. brennende Fragen wie folgt unter die Lupe:
- Geben uns sogenannte Sterbeerlebnisse wirklich hilfreiche Informationen über das, was nach dem Tod geschieht?
- Was sagt die Bibel über das Totenreich oder das Fegefeuer?
- Wie wird es im Himmel sein?
- Was wird im Himmel anders sein und was wird so bleiben wie jetzt auch?
- Soll der moderne Mensch wirklich noch an die Hölle glauben?
- Wie kann man sich auf sein eigenes Ende vorbereiten?

Dieses Buch behandelt ausführlich, was die Bibel zum Thema Ewigkeit sagt. Es will gläubige Christen ermutigen und Nichtglaubende warnen vor dem, was sie in der Ewigkeit erwartet.

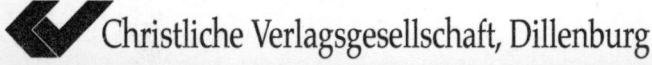
Christliche Verlagsgesellschaft, Dillenburg